OBSERVATIONS

DE LA

FACULTÉ DE DROIT DE CAEN,

Sur les Réformes à introduire

EN MATIÈRE

DE PRIVILÈGES ET HYPOTHÈQUES

ET DE TRANSLATION DE PROPRIÉTÉ.

CAEN,

IMPRIMERIE DE A. HARDEL, SUCCESSEUR DE T. CHALOPIN.

1841.

Monsieur le Ministre,

La Faculté de Droit de Caen a consacré 3o séances à la révision
du Code hypothécaire. Elle a l'honneur de vous adresser son travail.—Il se divise en trois parties : la première expose le système dans
son ensemble : la seconde présente un projet de loi : c'était le seul
moyen de signaler clairement et brièvement les réformes de détail,
de coordonner toutes les dispositions et de les mettre en rapport
avec le principe général. La Faculté tenait d'ailleurs à montrer que
ses théories ne sont pas de ces vagues généralités qui n'osent jamais
affronter l'épreuve de la formule et de l'application. Enfin dans
la dernière partie, des notes indiquent le but, le sens et la portée
des articles qui remplaceraient les articles du Code.

Ce travail apportera-t-il quelques vues neuves et utiles dans
cette grande question ? — La Faculté serait heureuse de l'espérer.
Elle est sûre au moins, Monsieur le Ministre, que vous y trou-
verez une preuve de son profond dévouement pour les intérêts
de la science et du pays et de sa vive reconnaissance pour le Ministre qui a fait un appel au zèle des Facultés de Droit.

SYSTÈME ET PRINCIPES GÉNÉRAUX.

On conteste l'opportunité, on dirait presque la légitimité d'une
révision législative. Pour les uns, le Code civil est une arche
sainte, un monument inviolable que sa perfection doit défendre
contre toute entreprise de réforme ; les autres craignent surtout

de voir toucher au régime hypothécaire, cette base fondamentale du crédit et de la propriété. La jurisprudence a interprété les textes, levé les doutes et comblé les lacunes : c'est peut être sur cette matière que la législation est surtout fixée et comprise. C'est donc au moment où toutes les questions sont résolues, où les principes ont passé dans la pratique, qu'une loi nouvelle va rouvrir l'arène à toutes ces grandes questions hypothécaires, qui remuent si profondément les fortunes et qui intéressent à un si haut point la société et la famille. — Nous ne pouvons partager ni l'admiration superstitieuse des uns, ni les craintes exagérées des autres. De tous les titres du Code le titre des hypothèques est sans contredit le moins parfait. Il venait proclamer et mettre en action des principes nouveaux, et le temps et la pratique n'avaient pu ni les éprouver, ni les développer. D'un autre côté, les rédacteurs du Code se trouvèrent abandonnés par le guide qui jusques-là les avait si bien dirigés. L'activité industrielle de notre époque et le déplacement incessant de la propriété foncière ont créé de nouveaux besoins; aussi l'économie politique a-t elle, en matière d'hypothèques, proclamé et popularisé des principes nouveaux. Les jurisconsultes et les publicistes sont d'accord pour reconnaître qu'il faut affranchir le crédit et les transactions des entraves et des dangers sans nombre qu'entraînent à leur suite les hypothèques *occultes*, *générales* et *indéterminées*. Depuis long-temps la question est à l'étude; tous les systèmes et toutes les idées ont pu se produire. Une révision du code hypothécaire est donc à la fois utile et opportune.

Que l'on doive soumettre à la publicité toute transmission, et tout démembrement de la propriété, c'est un point hors de controverse. Tout le monde déserte le système du Code. Par les dangers et les fraudes auxquels il expose l'acquéreur le plus prudent, et surtout par les craintes qu'il inspire, par les cautionnements et les hypothèques de garantie, dont il complique presque toutes les ventes, il entrave véritablement les affaires, il compromet le crédit du débiteur et la sûreté des transactions.

Mais quel doit être le mode de publicité? Là seulement est la question. Il semblerait au premier abord qu'il faut en revenir au système de la loi de brumaire, à la transcription; n'est-il pas déjà accepté par le Code pour les donations, les substitutions et même pour tous les actes translatifs de propriété que l'acquéreur veut purger? — La transcription présente des inconvénients réels. Tous les actes en effet qui transfèrent ou démembrent la propriété, qui constituent des droits réels, les ventes volontaires, les adjudications, les jugements d'expropriation, les partages, les transactions, etc., seraient transcrits; mais alors on embarrasse les archives de la conservation d'une masse énorme de registres, tous devraient être conservés; on surcharge le conservateur d'un travail auquel une armée de commis ne pourrait suffire; enfin, et c'est le motif déterminant, on grève les parties de frais considérables.

Ne pourrait-on pas remplacer la transcription du titre entier par la transcription d'un extrait contenant toutes les clauses et seulement les clauses qu'il importerait aux tiers de connaître? Beaucoup de notaires ne voudraient pas prendre sur eux d'omettre quelques clauses comme inutiles, de faire un *extrait*. beaucoup d'autres ne s'en donneraient pas la peine; dans la réalité ce serait presque toujours le titre que l'on présenterait au conservateur; on aurait donc les inconvénients de la transcription, sans avoir au moins l'avantage de trouver la série des titres mêmes que l'on peut avoir intérêt à connaître.

Un troisième système paraît préférable et il est aussi adopté par le Code.

L'hypothèque, droit réel, est rendue publique, non par la transcription du titre constitutif, mais par une inscription. Pourquoi chercher pour les autres droits réels un autre mode de publicité? L'inscription se fait plus vite et à moins de frais que la transcription, et cependant elle fait mieux ressortir les charges qui grèvent l'immeuble. — Sans doute il importera quelquefois de recourir au titre, mais il suffit d'en signaler l'existence aux tiers, avant de traiter ils se le feront représenter. Il y a plus, il portera minute ou sera déposé devant notaire, et l'inscription indiquera le dépositaire.

Cette inscription des droits réels, autre que le privilége et l'hypothèque, nous l'avons appelée *réalisation* ; elle complète en effet l'obligation, elle la rend opposable aux tiers; de personnelle qu'elle était, la transaction devient *réelle*, se trouve *réalisée*. C'était d'ailleurs l'expression consacrée dans les pays de nantissement, sous l'empire de l'ancien droit. (Merlin, v°. nantissement.)

Il ne faut pas se méprendre sur le but et l'effet de la réalisation. Le vendeur n'était pas propriétaire et cependant l'acquéreur inscrit; quant au véritable propriétaire, il ne *s'oppose* pas, il garde le silence; son droit n'est pas *purgé* et il pourra toujours revendiquer sa chose. Sans doute un système qui permettrait de trouver sur le registre du conservateur, la liste de tous ceux qui possèdent le sol légalement et incommutablement offrirait, des avantages; il séduit même au premier abord et nous concevons qu'il ait été adopté par quelques petits Etats de l'Allemagne; mais c'est l'exagération d'un bon principe, du principe de la publicité. Loin de les prévenir, ce système ouvrirait la porte à une foule de fraudes et de procès, et il embarrasserait les transactions des formalités les plus compliquées. Et d'abord il faudrait que la publicité, mais une publicité réelle et sérieuse, allât chercher et avertir tous ceux que l'on tenterait de dépouiller; malgré les précautions les plus minutieuses, des déchéances se trouveraient encourues et des usurpations consommées. Cette ruine du droit, ce triomphe de la fraude serait un grand scandale pour les uns, et un funeste encouragement pour les autres. Il faudrait nécessairement admettre le contredit et l'opposition de tous les droits; or. la crainte d'une forclusion porterait les prétentions les plus téméraires à se produire en justice et engagerait une foule de procès.

La réalisation ne purge donc pas les droits de propriété. Elle met seulement le propriétaire dans l'heureuse impuissance d'aliéner frauduleusement la chose qu'il avait déjà aliénée ou démembrée.

Tout droit réel est soumis à la réalisation. Voilà la règle ; mais elle n'est pas absolue. Ainsi l'héritier légitime ne sera pas obligé d'inscrire , et en effet qu'inscrirait-il ? un titre translatif? Non ; mais la simple *déclaration* qu'il se prétend héritier d'un tel , et cette *déclaration* ne le mettrait, ni lui, ni ses ayant -cause, à l'abri d'une pétition d'hérédité. Les tiers qui traitent avec un héritier sont bien avertis qu'ils doivent vérifier son droit. Le testament au contraire peut et doit être réalisé ; ce n'est plus une *prétention*, mais un *titre*, et ce titre dépouille l'héritier légitime.—L'état des lieux dénonce à tous les servitudes apparentes. La réalisation serait donc une formalité sans but. Il en est autrement des servitudes occultes.

L'acte non réalisé n'est pas opposable aux tiers ; en ce qui les concerne, il est non avenu , il n'a pas encore d'existence légale.—Le jugement d'expropriation et le jugement qui prononce la nullité ou la rescision d'un acte translatif de propriété devront sans doute être inscrits ; mais le défaut de réalisation entraînera des conséquences moins graves. La saisie *transcrite* avait enlevé au *débiteur* la disposition de l'immeuble. Comment lui rendre, après l'adjudication et parce qu'il est définitivement *exproprié*, le droit de faire une vente valable?—La nullité et la rescision vont atteindre le sous-acquéreur et résoudre les droits qui lui avaient été consentis. Il n'était pas possible de maintenir les aliénations postérieures au jugement qui prononce la nullité quand les aliénations antérieures sont révoquées. L'art. 22 de la loi du 11 brumaire de l'an VII a trouvé la seule sanction raisonnable ; le jugement ne pourra être exécuté et ne produira son effet contre les tiers qu'après la réalisation.

Les formalités de la réalisation sont très-simples. Il suffit d'indiquer l'ancien et le nouveau propriétaire, la parcelle , la date du titre, et le lieu où il est déposé. Le conservateur refusera sous sa responsabilité tout bordereau irrégulier et les tribunaux annuleront l'inscription qui n'atteindra pas le but , c'est-à-dire qui ne fera pas connaître la mutation.

L'inscription sera-t-elle soumise au renouvellement ? La Faculté ne le pense pas, et cependant elle maintient pour les inscriptions ordinaires,le principe du renouvellement décennal,mais elle eût désiré qu'il fût permis de l'abroger. Il arrive trop souvent qu'une hypothèque est perdue par un oubli ou un retard de quelques jours ou par la négligence d'un mandataire; mais il a fallu sacrifier l'intérêt du créancier aux nécessités administratives ; si les inscriptions n'étaient pas renouvelées, les recherches finiraient par être impossibles. Pour les réalisations toujours bien moins multipliées que les inscriptions, on n'a pas à craindre les mêmes dangers ; aussi la loi de brumaire n'exigeait qu'une transcription. Et d'ailleurs quelles auraient été les conséquences du défaut de renouvellement ? Aurait-on permis au vendeur de dépouiller par une vente de mauvaise foi , l'acquéreur qui , depuis longues années, était en possession paisible et publique de l'immeuble ?

Pour compléter la publicité, il faut appliquer le cadastre et le système parcellaire au régime des hypothèques, soit pour les réalisations , soit pour les inscriptions.

D'après le Code on inscrit, non sur l'immeuble, mais sur la personne ; ni l'hypothèque légale , ni l'hypothèque judiciaire ne sont même tenues de spécialiser l'immeuble grevé. Les certificats sont délivrés , sur les propriétaires indiqués aux recherches du conservateur. Souvent on ne connaît pas ou l'on désigne mal les précédents propriétaires. Comment l'adjudicataire sur expropriation retrouvera-t-il la généalogie exacte de la propriété ? le certificat du conservateur omet donc nécessairement toutes les inscriptions qui grèvent le propriétaire omis ou mal indiqué , tandis qu'il comprend les inscriptions qui frappent sur les propriétaires, mais ne frappent pas sur l'immeuble dont on veut seulement connaître les charges.

On préviendrait tous ces embarras et tous ces dangers, si les inscriptions étaient prises et les certificats délivrés non sur la personne, mais sur l'immeuble.

Il serait injuste de reprocher aux rédacteurs du Code de ne pas avoir songé à ce système. Le cadastre n'avait pas encore divisé le sol en parcelles, et trop de difficultés se seraient élevées sur l'identité et l'étendue précise de chaque immeuble. Maintenant toute propriété qui se distingue des propriétés voisines, par le propriétaire, la culture ou la clôture, forme une parcelle et occupe un numéro à part sur l'atlas cadastral. Plus d'incertitude possible sur l'identité et l'étendue de l'immeuble désigné comme parcelle et par son numéro. Rien de plus simple que ce mode d'inscription.—Un exemplaire de l'atlas cadastral sera déposé au bureau de la conservation.—Les bordereaux soit d'inscription, soit de réalisation, désigneront les immeubles aliénés, grevés ou hypothéqués par la commune, la section et le numéro de l'atlas cadastral. Ils seront bien inscrits et portés à leur date sur un registre; mais sur un registre à part et qui ne sera que la table des autres, un compte sera ouvert à chaque parcelle; on y indiquera, par renvoi, le numéro des inscriptions ou des réalisations qui la concerneront. Il suffira donc pour obtenir un état exact de tous les droits réels qui affectent une parcelle, d'en indiquer le numéro au conservateur, et l'on n'aurait pas à se préoccuper des noms et prénoms des anciens propriétaires.

Les renseignements fournis à la Faculté l'ont convaincue que l'exécution ne rencontrerait aucun obstacle. En quelques minutes et avec les registres qu'il tient pour tout le département, le directeur des contributions directes peut indiquer toutes les mutations d'une parcelle.

Le système parcellaire présenterait un autre avantage. Avec lui le principe de la *spécialité*, proclamé comme une des conquêtes de notre droit nouveau, et l'une des bases du régime hypothécaire, atteindrait son but et ne serait plus un mensonge. — L'hypothèque conventionnelle ne peut comprendre tous les biens présents du débiteur en masse et sans désignation. Il importe que le débiteur conserve la libre disposition des immeubles inutiles à la garantie du créancier ; mais tous les biens présents peuvent être nominativement hypothéqués à la même créance. L'hypothèque conventionelle doit désigner l'immeuble ; mais souvent la désignation est des plus vagues et des plus incomplètes. L'hypothèque légale, quand elle juge convenable de s'inscrire, et l'hypothèque judiciaire planent sur tous les immeubles sans en spécialiser aucun.—La spécialité est donc une belle théorie, mais sans application et sans utilité bien réelle. Nous voudrions qu'elle devînt une vérité. En conséquence, toutes hypothèques, l'hypothèque conventionnelle aussi bien que l'hypothèque légale et judiciaire, pourront être réduites, si elles excèdent les garanties que le créancier le plus exigeant peut avoir intérêt à maintenir. On objecte que la convention est la loi suprême des parties et que ce principe est la base fondamentale, essentielle du droit civil. Il est un principe supérieur, c'est l'intérêt général. Il importe à la société que les exigences d'un créancier ne paralysent pas sans intérêt les ressources et le crédit du débiteur. Au reste, il convient de prévenir le danger de l'arbitraire et l'incertitude des évaluations. Il faut, en adoptant un tarif d'estimation peu élevé, désintéresser complètement le créancier.—Toute inscription spécialisera la parcelle, et l'on ne distinguera pas entre l'hypothèque conventionnelle et les hypothèques légales et judiciaires.—Ceci posé, une difficulté assez grave s'est présentée : l'hypothèque judiciaire grève les biens à venir comme les biens présents. L'inscription prise dans un arrondissement sur les biens présents et à venir, prend rang à sa date, même pour les immeubles échus postérieurement au débiteur. Telle est au moins la jurisprudence. Comment concilier ce droit du créancier avec l'obligation d'inscrire sur parcelles ? Il sera obligé d'attendre que l'immeuble soit connu

et par conséquent advenu au débiteur. Ce serait un véritable incon-
vénient. On l'évite si on donne au créancier pour inscrire un
délai à compter du jour où le débiteur est approprié, et si prise dans
ce délai, l'hypothèque remonte à la date du titre. Cette rétroacti-
vité n'est-elle pas un échec au principe qui détermine le rang des
hypothèques par la date des inscriptions? il faut bien le reconnaître; mais l'exception est commandée par le conflit de deux
principes contraires et elle est autorisée par le Code civil au titre
Des Priviléges et par l'art. 834 du Code du procédure; et d'ailleurs
elle ne trompera jamais les tiers, ils seront avertis qu'ils doivent,
avant de traiter sur l'immeuble, attendre que la réalisation ait mis
tous les droits en demeure de se produire et que les délais soient
expirés.

Une autre question a surtout préoccupé les publicistes et les
jurisconsultes. L'hypothèque légale des mineurs, des interdits et
des femmes mariées restera-t-elle dispensée d'inscription? Lui per-
mettra-t-on de planer, vague et indéterminée, sur tous les biens du
tuteur et du mari? Tous sont d'accord sur le but. La loi a voulu
protéger par une hypothèque privilégiée les mineurs, les interdits
et les femmes dont la fortune est livrée à la merci d'administrateurs
qu'ils ne peuvent ni surveiller ni contrôler. On doit repousser tout
système qui ouvrirait une voie détournée pour arriver à la confis-
cation de l'hypothèque. Il ébranlerait trop profondément la famille
et la société. D'un autre côté il faut que le prêteur puisse, aussi
bien que l'acquéreur, traiter avec sécurité, il faut qu'il puisse, avant
de livrer ses fonds, reconnaître s'il n'aura pas plus tard à redouter
l'apparition d'une hypothèque préférable et indéterminée. Enfin
l'hypothèque légale doit se restreindre dans les limites d'un intérêt
légitime et ne pas paralyser complètement et quand même toutes
les ressources de celui auquel on a imposé le fardeau d'une tutelle.

Voilà le problème. Comment le résoudre?

L'hypothèque ne doit pas être soumise, à peine de déchéance, à la formalité de l'inscription. Comment faire supporter au mineur, à l'interdit, à la femme, la faute de ceux contre lesquels la loi veut et doit justement les défendre? Au reste, là n'est pas le danger. En fait, l'hypothèque légale est bien rarement inconnue : on sait presque toujours si celui avec lequel on traite est ou a été tuteur ou mari. Il suffira d'ailleurs de permettre au prêteur comme à l'acquéreur de forcer par la purge les hypothèques inconnues à se produire.

Le Code est tombé dans une inconcevable exagération en maintenant la dispense d'inscrire, même quand la minorité et l'interdiction ont cessé, même quand le mariage a été dissous. Le créancier devenu maître de ses droits rentre nécessairement sous l'empire de la loi commune, seulement il faut lui laisser le temps de connaître ses affaires et de prendre inscription. On lui donne une année. Telle était l'économie de l'édit de 1673, et l'on a raison de s'étonner que cette idée de Colbert n'ait pas frappé tous les législateurs qui ont suivi.

L'acquéreur, d'après le système du Code, n'a jamais à craindre les hypothèques légales du chef du propriétaire qu'il ne connaît pas, il les purge en remplissant certaines formalités très-simples. Nous donnons le même droit au prêteur. Il faut que le prêt hypothécaire présente une sûreté complète et absolue.

Le but du projet est d'arriver à l'inscription de l'hypothèque. Le Code donne bien au procureur du Roi la faculté de la requérir; mais il n'en use presque jamais, soit qu'il craigne de jeter dans les affaires l'embarras d'une inscription inutile, soit par tout autre motif. Il est tout naturel de confier aussi ce soin aux conservateurs des hypothèques; ils sont mieux placés que tous autres pour apprécier la position du débiteur et l'opportunité d'une inscription. Par la force des choses ils tiendront plus de compte des renseignements qui les inviteront à inscrire. — Au reste, ce droit n'est ouvert au conservateur qu'au dernier moment, au moment où la purge va éteindre l'hypothèque légale.

L'art. 2136 déclare stellionnataires le mari et le tuteur qui n'ont pas déclaré l'hypothèque. Le projet a supprimé l'article. Il ne convenait pas de prononcer contre le mari et le tuteur une peine, qui mettrait souvent la femme et le mineur dans l'impossibilité morale d'exercer leur droit.

L'hypothèque sera donc ou inscrite ou purgée; presque toujours elle sera inscrite, il est au moins permis de l'espérer.

Mais on n'a rien fait encore pour le mari et le tuteur ; l'hypothèque pourra être inscrite sur toutes les parcelles et anéantir leur crédit et leurs ressources.

Ils pourront faire *dégrever* les parcelles que les tribunaux jugeront inutiles à la garantie du créancier, en tenant compte de toutes les circonstances et de toutes les éventualités.

Le mari n'aura plus besoin pour obtenir le dégrèvement du concours et du consentement de la femme.—Mais en revanche l'hypothèque légale ne pourra être restreinte par le contrat de mariage. Elle est d'ordre public, et l'on annule la renonciation faite même par contrat de mariage. C'est ainsi qu'une jurisprudence constante a interprété le Code. Mais si la réduction est abandonnée sans contrôle au libre arbitre des parties, l'hypothèque pourra être restreinte à une parcelle de la valeur la plus minime, et l'on arrivera, contre le vœu de la loi, à la renonciation. Du moment où l'hypothèque est d'ordre public, la justice doit intervenir pour en limiter l'étendue. Ce que nous avons dit de l'hypothèque de la femme, il faut l'appliquer à l'hypothèque du mineur ; l'acte de nomination du tuteur ne pourra valablement la restreindre.

Le Code admet la *réduction*; nous proposons le *dégrèvement*. C'est un tout autre système. L'hypothèque réduite ne grève plus que les biens désignés; non seulement tous les biens présents, mais encore tous les biens à venir du débiteur en sont affranchis, quels que soient d'ailleurs les événements qui aient rendu le gage insuffisant.

Sur ce point le Code ne fait pas assez pour le créancier. D'après le projet, le jugement de réduction indique, non les immeubles qui restent hypothéqués, mais les parcelles qui sont dégrevées de l'hypothèque. Les biens à venir feront face aux reprises inconnues que l'avenir peut apporter à la femme ou au mineur. Le mari et le tuteur auraient mauvaise grâce à se plaindre, ils sont toujours recevables à demander le dégrèvement des nouvelles parcelles

Le dégrèvement n'est pas définitif et irrévocable; une succession toute mobilière écheoit à la femme ou au mineur, et l'hypothèque devient insuffisante; il est juste qu'une inscription spéciale puisse ressaisir la parcelle dégrevée. Toutefois il fallait empêcher que le dégrèvement ne fût sans cesse remis en question et ne devînt un piège pour les tiers. Le requérant assignera à bref délai, en validité de l'inscription qu'il a prise, et s'il ne la justifie pas, il sera condamné à des dommages et intérêts. Dans le cas même où elle serait maintenue, elle ne serait pas rétroactive et elle ne prendrait rang qu'à sa date.

Ce système semble concilier tous les intérêts légitimes — les intérêts du mineur, de l'interdit et de la femme mariée, par l'hypothèque légale et la dispense — d'inscription des tiers, par la purge; — du débiteur, par le dégrèvement.

Le projet maintient les hypothèques légales dans les limites précises où le Code et la jurisprudence les avaient renfermées. Ainsi point d'hypothèque légale sur les biens du subrogé-tuteur, du conseil judiciaire, du curateur à une succession vacante, du père, administrateur pendant le mariage, des biens de ses enfants. Sans doute, nous ne nions pas sous certains rapports l'analogie de position, mais les hypothèques légales sont des exceptions et il faut se garder de les multiplier; avec tous leurs priviléges, elles seraient un embarras réel, dans le mouvement des affaires et dans le régime hypothécaire. L'hypothèque ne serait pas d'ailleurs dans les espèces que nous avons rappelées , excusées ou commandées par une absolue nécessité. Presque toujours l'acte de donation ou le testament qui appropriera l'enfant de biens personnels , saura prévoir tous les dangers de la gestion et stipuler les garanties convenables.

Le projet tranche une foule de difficultés qui, bien que secondaires, ont cependant une certaine importance. Nous reprenons dans leur ordre quelques questions principales.

Pas un mot dans le Code sur le droit de rétention. C'est une lacune. La jurisprudence, et elle ne fait que proclamer les vrais principes, reconnaît que si une créance et l'obligation de livrer une chose résultent de la même convention ou du même fait, le créancier peut retenir la chose tant que le débiteur ne remplit pas lui-même son engagement (art. 1184 Code civil); mais c'est une simple mesure de *contrainte* ; et si la chose est vendue, le créancier n'est pas privilégié sur le prix. La position du créancier est donc aussi fausse que celle du débiteur, et pour que la rétention devienne utile, il faut que la chose puisse être vendue et le droit du créancier transféré sur le prix. La rétention dans les cas où la loi l'autorise deviendrait donc un véritable gage et en produirait tous les effets.

Le droit du bailleur a été restreint ; en lui permettant de réclamer par privilége tous les loyers échus, ou livre la masse à la merci de toutes les fraudes qu'il convient au propriétaire d'ourdir avec le débiteur insolvable , ou au moins on la sacrifie à une imprudence sans excuse. Trois années quand il s'agit de biens ruraux, une année quand il s'agit de maisons , voilà tout ce qu'un propriétaire peut raisonnablement demander. — Si le bail n'a pas date certaine avant l'époque à laquelle les poursuites ont commencé, la durée sera fixée d'après l'usage des lieux et les régles du Code sur les baux faits sans écrit.

Convenait-il de soumettre le privilége du vendeur d'effets mobiliers au même délai, soit qu'il s'agît de meubles corporels, qui se confondent si facilement avec les autres biens du débiteur, soit au contraire qu'il s'agît de meubles incorporels, dont l'origine ne se perd jamais? La Faculté ne le pense pas, dans un cas elle limite le privilége à un an; et dans l'autre il suffit que la chose se trouve encore en la possession de l'acheteur Au surplus, ce principe de notre droit français : *les meubles n'ont pas de suite par hypothèques*, doit régir les meubles incorporels, comme les meubles corporels, et ne permet pas au vendeur d'exercer son privilége au préjudice des droits acquis. On n'autorisera jamais la résolution *contre les tiers*, tandis qu'elle pourra toujours être prononcée contre le débiteur.

Il importait de fixer le rang des créances privilégiées.—Les priviléges particuliers préféreront les priviléges généraux, leur principe est le gage, la conservation de la chose, ou la vente Trois exceptions : les frais de justice (le projet les définit ceux qui profitent à la collocation de tous les créanciers) primeront les autres créanciers, c'est la dette personnelle de la masse. Les frais funéraires primeront le propriétaire et l'aubergiste; ils auraient été obligés de les payer dans leur propre intérêt. Enfin le salaire des gens de service, pendant six mois, passent avant la créance du propriétaire. C'est en quelque sorte sa dette, ou au moins la dette de sa chose.

Quant aux priviléges spéciaux, par la force des choses, ils se trouveront rarement en concours les uns avec les autres, et si l'hypothèse se présente, leur rang est déterminé par le projet.

Le privilége de la séparation des patrimoines a dans la pratique une grande importance, mais il est fort mal et fort imparfaitement organisé par les quelques articles que l'on trouve épars au titre DES SUCCESSIONS et au titre DES PRIVILÉGES. Le projet a cherché à exposer toutes les règles et à résoudre toutes les difficultés. Il prévoit deux grandes hypothèses : l'indivision et le partage. Pendant l'indivision le privilége de la séparation des patrimoines est absolu, il n'est soumis à aucune déchéance et à aucune restriction, il plane tout entier sur tous les biens de la succession, de la communauté, de la société. L'indivis empêche la confusion. Après le partage le créancier doit prendre ses mesures Il faut qu'il avertisse dans un bref délai les tiers qui voudraient traiter avec l'héritier et l'associé, et le principe de la division des dettes reprend alors tout son empire.

Le privilége sur les immeubles doit être inscrit, un seul excepté, c'est le privilége des frais de justice. Nous en avons dit le motif. Le créancier aurait une action personnelle contre ceux-là qu'il prime ; il a fait leur affaire.

L'inscription a un effet rétroactif ; autrement la créance ne serait pas privilégiée, mais hypothécaire. Mais en même temps on satisfait au principe de la publicité en obligeant le créancier à s'inscrire dans un délai déterminé. Les tiers attendront que ce délai soit expiré. Ils savent que jusques-là un droit préférable est admis à se produire.

Depuis long-temps la critique avait reproché au Code une anomalie choquante. Le vendeur qui a perdu son privilége conserve le droit de demander la résolution de la vente au préjudice des droits consentis par l'acheteur ; mais qu'importe à la masse qu'on lui enlève la chose ou le prix de la chose ? *Privilége* et *résolution* sont bien deux droits différents ; mais ils produisent contre le créancier à peu près le même résultat, et la perte de l'un doit entraîner la perte de l'autre.

Les actions qui tendent à revendiquer un immeuble, et l'immeuble lui-même tant qu'il n'est pas rentré dans *nos biens* ne sont pas susceptibles d'hypothèques ; tel est le principe du Code consacré par une jurisprudence constante. Il est accepté par le projet. Mais l'intérêt du crédit exige que le propriétaire de l'action puisse l'alfecter à son créancier ; il lui sera permis de la donner en gage , en se conformant aux règles et aux formalités prescrites par le Code. —Quels seront les droits du gagiste? il ne pourra vendre l'action; des chances et un litige se vendent à vil prix. Mais d'une part le gage lui donnera un mandat *irrévocable* pour exercer l'action; et de l'autre il lui assurera sur l'immeuble recouvré un privilége pour le paiement des frais et de sa créance , *privilége* qui sera inscrit sur les parcelles dans le plus bref délai.

La jurisprudence a maintenu les hypothèques consenties pour crédits ouverts, elle leur donne rang du jour de l'inscription, quelle que soit l'époque où les fonds ont été remis, et aucune preuve spéciale n'est exigée pour établir la remise. Ce système est un échec à la rigueur du Droit, et dans la pratique il présente des dangers. L'hypothèque est l'accessoire d'une créance, elle ne devrait donc pas exister avant la créance même. Un débiteur en pleine faillite ou en pleine déconfiture peut épuiser le crédit et soustraire à ses créanciers le capital qu'il réalise. Ces conséquences ont frappé la Faculté ; s'il faut sacrifier le droit à la nécessité des affaires , il convient au moins de prévenir la fraude Un commerçant peut seul par ses livres établir la sincérité et la date du versement, seul il pourra ouvrir un crédit garanti par une hypothèque rétroactive. La loi réservera spécialement les créanciers à contester tous les paiements faits en fraude de leurs droits.

L'hypothèque conventionnelle pourra-t-elle résulter d'un billet au porteur, ou d'un acte transmissible par voie d'endossement? Question grave et qui divise les jurisconsultes et les publicistes. La Faculté a été effrayée de ces tendances à mobiliser le sol et à en revenir aux cédules hypothécaires. La transmissibilité de l'hypothèque par endossement présenterait peut-être plus de dangers que le crédit ouvert. Avant de se jeter dans les aventures commerciales , l'homme prudent , et cette déplorable prudence se rencontre trop souvent , mettrait toute sa fortune immobilière en portefeuille et attendrait pour l'escompter, l'épuisement et la ruine de toutes ses autres ressources et de toutes ses espérances.

Le Code prescrit avec détail toutes les formalités de l'inscription; mais quelles sont les conséquences de son irrégularité et dans quel cas les tribunaux doivent-ils prononcer la nullité? Le Code ne le dit pas, et le système des équipollents admis par la jurisprudence, ouvre la porte la plus large à l'arbitraire du juge. Tout doit être prévu, réglé d'une manière claire et précise. Certaines énonciations, celles qu'il importe essentiellement aux tiers de connaître, sont prescrites à peine de nullité; l'inaccomplissement des autres ouvre seulement aux parties intéressées une action en rectification et en dommages et intérêts. Enfin le conservateur devra refuser sous sa responsabilité, le bordereau qui ne désignera pas bien le requérant et qui ne sera pas signé par lui.

Le droit de s'opposer à la radiation d'une inscription est reconnu aux cautions et aux autres créanciers inscrits, mais primés par l'hypothèque. Ils ont intérêt à conserver leur recours.

Le créancier privilégié ne pourra, comme le créancier hypothécaire, se faire colloquer au rang du capital que pour deux années et l'année courante. Lui permettre de réclamer par privilége, et sans inscriptions spéciales, tous les intérêts qui lui sont dus, à la seule condition qu'ils ne soient pas prescrits, c'est violer le principe de la publicité et exposer la masse à des fraudes qu'il lui serait impossible de déjouer. C'est au moins sacrifier des tiers de bonne foi à une négligence sans excuse.

La faculté maintient, quoiqu'à regret, le renouvellement décennal. Mais à quelle époque cesse la nécessité du renouvellement ? Quand le prix est fixé définitivement, l'hypothèque a produit son effet. Toutefois, pour qu'on puisse l'opposer à des créanciers ou à des acquéreurs postérieurs, il faut maintenir l'inscription. Cette solution concilie tous les principes; elle est généralement admise par la doctrine.

Aux termes de l'art. 2157 du Code civil, les inscriptions sont rayées du consentement des parties intéressées et *ayant capacité à cet effet*. Mais qui devra vérifier la capacité? D'après le Code, c'est le conservateur. Il paraît impossible de le faire juge de ces questions, de le jeter dans tous ces embarras et de lui imposer cette responsabilité. La main-levée doit être consentie par acte notarié; c'est tout naturellement au notaire rédacteur à se faire représenter les titres, à vérifier et à constater le droit, la qualité et la capacité. Nous avons une analogie frappante, le directeur de la dette inscrite n'a jamais à vérifier le droit et la capacité de la partie qui transfère une rente sur l'État.

Quel tribunal prononcera la main-levée, si le créancier inscrit refuse de la consentir? Les règles de compétence posées par le Code sont fort obscures. Le projet distingue si la demande est principale ou incidente: principale, elle est portée devant le tribunal de la situation du bien; incidente, devant le tribunal saisi de l'action; l'accessoire suit le sort du principal. Dans un cas les significations sont adressées au domicile élu, et dans l'autre au domicile réel. Tout jugement rendu sur une demande principale en main-levée ne compromettra jamais, quels que soient les termes, le fond même du droit, à moins que le débat n'ait été placé sur ce terrain par des conclusions contradictoires; il ne faut pas le perdre de vue, le tribunal a compétence à raison seulement de l'hypothèque. —Toutes les significations faites au domicile élu ont fort bien pu ne pas être remises au créancier. Cette considération doit faire donner au jugement, s'il est par défaut, une certaine *publicité*. Il convient en effet de concilier des intérêts contraires, mais également respectables. Un jugement de main-levée présente toujours de l'urgence, et il est impossible d'obliger le débiteur à attendre, pour le faire exécuter, que toutes les voies de recours se trouvent fermées à son adversaire. D'un autre côté, la radiation causerait presque toujours au créancier un préjudice irréparable; et si pour tout jugement par défaut la loi suppose que la partie a fort bien pu ne pas être avertie, cette présomption a dans l'espèce une grande force; tous les exploits ont été remis au domicile élu nécessairement et peut-être depuis longues années. Le jugement sera donc signifié au domicile élu et inséré dans le journal désigné pour recevoir les annonces judiciaires. Après vingt jours l'exécution peut être poursuivie et la radiation opérée.

Quand l'immeuble hypothéqué a été démembré par des constitutions de servitudes, quels seront les droits et du créancier et du propriétaire de la servitude ? Le Code est muet et la doctrine propose une foule de systèmes. Le projet cherche à concilier plusieurs principes :—le débiteur conserve même après l'hypothèque la disposition de sa chose. — Le créancier peut réclamer le juste prix du droit concédé.—Le tiers détenteur s'affranchit toujours de la poursuite hypothécaire par le délaissement. — En conséquence :

Les servitudes consenties depuis l'hypothèque ne seront pas annulées *ipso jure* comme quelques auteurs l'ont soutenu.

Le créancier pourra faire déterminer par experts la moins value de l'immeuble. La force des choses ne permet pas de recourir à la surenchère pour déjouer les fraudes et faire fixer le véritable prix.

Le propriétaire en faveur duquel la servitude a été constituée pourra délaisser; mais il devra le déclarer dans un bref délai après la sommation qui lui sera adressée. Il faut que le sort de l'immeuble soit fixé avant l'adjudication ou la surenchère. Le délaissement postérieur profiterait, non aux créanciers, mais à l'adjudicataire.

Quel est l'effet, soit de la renonciation à l'hypothèque consentie au profit d'un créancier désigné, soit de la subrogation, quand la créance elle-même n'est ni transférée, ni éteinte par le paiement ? — Le silence du Code laisse un vaste champ aux subtilités du droit et aux dissertations des docteurs, et cependant

c'est une des matières les plus pratiques et les plus importantes;
il convenait donc de la régler. L'hypothèque a-t-elle été colloquée?
Un autre créancier en a-t-il profité? L'hypothèque et la créance
hypothécaire seront éteintes, une hypothèque ne peut être colloquée deux fois, même sur des biens différents; l'hypothèque et
la créance sont indivisibles. Que si au contraire un créancier a
seulement renoncé à produire son hypothèque sur le prix d'un
immeuble pour laisser le champ libre à un créancier, il n'aura
pas perdu le droit de la faire valoir sur les autres biens qui lui
sont affectés; l'hypothèque n'a pas été *colloquée*, elle s'est *abs-
tenue*. Toute renonciation doit se restreindre dans les limites les
plus sévères. Ceci posé, la loi nouvelle présumerait que la renonciation *en faveur* n'est que la promesse de s'abstenir, si l'intérêt du
stipulant l'exige. — La subrogation présente sans contredit une difficulté plus sérieuse. Il semble, le mot le dit, que le subrogé vient
à l'ordre, en vertu de l'hypothèque du subrogeant et qu'il la fait
colloquer. Mais cette interprétation entraîne des conséquences dé-
plorables : un individu hypothèque un de ses immeubles, sa femme
intervient et subroge le créancier à son hypothèque légale; elle ne
pourrait pas se présenter à un autre ordre et sur le prix des autres
biens, par la subrogation son hypothèque a été colloquée et éteinte;
et remarquez là, la subrogation est stipulée toutes les fois que le
contrat de mariage ne place pas la femme dans l'impuissance de
la consentir. Il importe de ne voir dans la subrogation qu'une
simple renonciation; les parties et même la plupart des notaires ne
comprennent pas toutes ces distinctions et ces subtilités et la valeur
des mots qu'ils emploient. L'intention évidente de la femme est de ne
renoncer à son hypothèque que sur un immeuble désigné et de la
conserver sur tous les autres. L'intention doit prévaloir sur la forme
et sur les termes de l'acte. — Nous supposons, bien entendu, que la
convention n'est pas précise et que la créance même n'a pas été
transportée au subrogé ou éteinte par le paiement.

En matière d'hypothèques le projet n'admet pas, comme le Code, la prescription de 10 ans ; avec les inscriptions sur parcelles, il est facile à l'acquéreur de connaître toutes les charges qui grèvent l'immeuble, même du chef des anciens propriétaires. On n'appelle pas bonne foi l'ignorance de celui qui ne veut pas voir.

Le titre de la purge contient une foule d'innovations. mais elles sont pour la plupart réglementaires et de détail, et d'ailleurs à la simple lecture, il est facile de comprendre le but et la portée des articles. Nous ne signalerons qu'une seule disposition. Le concours des hypothèques générales et des hypothèques spéciales complique l'ordre et présente les difficultés les plus sérieuses. Voici les règles que la jurisprudence a consacrées. Le créancier à hypothèque générale peut se présenter à l'ordre qu'il juge convenable ; il use de son droit. Les créanciers postérieurs peuvent le rembourser et se faire subroger à son hypothèque qu'ils exercent alors suivant leur intérêt. La subrogation reste au créancier premier inscrit. Le projet accorde la subrogation au créancier primé par le privilége ou l'hypothèque, même sans paiement. Il suffit que la créance soit colloquée avant lui. Souvent la difficulté de trouver un capital considérable, ne permettait pas de déjouer les calculs et l'accord d'un créancier à l'hypothèque générale et d'un créancier postérieur, et l'on voyait périr l'hypothèque la plus ancienne au profit d'une hypothèque qui ne devait pas espérer un rang utile. La subrogation sans paiement est une faveur que n'autoriseraient pas les principes, mais qui certes ne dépasse pas le droit du législateur.

Des articles additionnels devront mettre le Code de procédure en harmonie avec le régime hypothécaire.

Enfin le projet propose une dernière addition. Elle ne rentre pas précisément dans le titre Des Hypothèques, mais elle complète le système de publicité qui est la base du régime hypothécaire. — Il arrive souvent que des femmes se disent mariées sans contrat de mariage, qu'elles traitent comme communes et que plus tard elles font apparaître un contrat qui stipule l'inaliénabilité de tous leurs biens. Les tiers ne peuvent jamais savoir à quoi s'en tenir; c'est donc à la fois un grand danger et un grand embarras dans les transactions· Au moment du mariage la femme est libre encore de l'influence maritale. L'acte de célébration devra indiquer si les époux sont mariés avec contrat de mariage, et s'il existe un contrat, sa date et le notaire qui l'a reçu. Les tiers avant de traiter se feront représenter l'acte de célébration et le contrat de mariage, s'il en existe. Si au contraire les époux ont déclaré qu'ils n'avaient pas de contrat, ils ne pourront jamais opposer aux tiers des conventions matrimoniales qu'ils auraient ignorées; ils sont réputés mariés sous le régime de la communauté légale.

Fait et arrêté en Faculté, le 31 août 1841.

Pour copie conforme :

Le Doyen de la Faculté,

G. DELISLE.

PROJET DE LOI.

ARTICLE Ier.

Le titre XVIII, liv. III du Code civil, l'article 1er. de la loi du 3 septembre 1807, les avis du Conseil d'état des 22 janvier 1808 et 8 mai 1812, seront remplacés par les dispositions suivantes, qui formeront le titre XVIII, liv. III du Code civil.

TITRE XVIII.

DES PRIVILÉGES ET HYPOTHÈQUES.

CHAPITRE Ier.

DISPOSITIONS GÉNÉRALES.

2092. Quiconque est obligé personnellement, est tenu de remplir son engagement sur tous ses biens mobiliers et immobiliers, présents et à venir, sauf les exceptions admises par les lois.

2093. Les biens du débiteur sont le gage commun de ses créanciers ; et le prix s'en distribue entre eux par contribution, à moins qu'il n'y ait entre les créanciers des causes légitimes de préférence.

2094. Les causes légitimes de préférence sont les priviléges et hypothèques.

Le privilége et l'hypothèque ne peuvent être cédés sans la créance.

Ils sont, de leur nature, indivisibles, et subsistent en entier sur tous les objets affectés, sur chacun, et sur chaque portion de ces objets.

CHAPITRE II.

DES PRIVILÉGES.

2095. Le privilége est un droit que la qualité de la créance donne à un créancier d'être préféré aux autres créanciers.

Le privilége résulte aussi du gage et du droit de rétention.

2096. Entre les créanciers privilégiés, la préférence se détermine suivant les règles ci-après.

2097. Les créanciers privilégiés qui sont dans le même rang, sont payés par concurrence.

2098. Il n'est point dérogé par le présent titre aux lois spéciales qui ont admis des priviléges à raison des droits du trésor royal, ou en matière de commerce, ou en toute autre matière.

2099. Les priviléges frappent soit sur les meubles, soit sur les immeubles, soit, tout à la fois, sur les meubles et les immeubles.

SECTION Ire.

Des priviléges sur les meubles.

2100. Les priviléges sont ou généraux, ou particuliers sur certains meubles.

§ Ier. Des priviléges généraux sur les meubles.

2101. Les créances privilégiées sur la généralité des meubles sont celles ci-après exprimées, et s'exercent dans l'ordre suivant :

1°. Les frais de justice, c'est-à-dire, relativement à chaque créancier, les frais qui lui ont profité à l'effet d'obtenir la collocation de sa créance.

2°. Les frais ordinaires des funérailles, au profit de ceux auxquels ils sont dus et de tous ceux qui les ont payés.

Le deuil ne fait point partie des frais funéraires.

3°. Les frais ordinaires, pour soins donnés et médicaments fournis au débiteur malade dans les six mois qui précèdent l'ouverture de sa succession, la date du jugement qui le déclare en faillite, la saisie de ses biens, ou les oppositions sur le prix de ventes volontaires.

4°. Les salaires des gens de service, pour l'année échue et le prorata de l'année courante, à la date du décès, de la faillite, des saisies ou oppositions.

5°. Les fournitures de subsistances faites au débiteur et à sa famille ; savoir : pendant les six mois antérieurs aux époques susdites, par les marchands en détail, tels que boulangers, bouchers et autres; et pendant la dernière année par les maîtres de pension et marchands en gros.

§ II. *Des priviléges sur certains meubles.*

2102. Les créances privilégiées sur certains meubles sont :

1°. Les loyers et fermages des immeubles sur les fruits de la récolte de l'année, sur le prix de tout ce qui garnit la maison louée ou la ferme, et de tout ce qui sert à l'exploitation de la ferme, savoir :

S'il s'agit de maisons, pour une année échue, la partie de l'année courante révolue à l'époque de la faillite ou de la saisie, et pour le temps qui, suivant l'usage des lieux, est accordé entre le congé et la sortie.

S'il s'agit de biens ruraux, pour trois années échues et pour tout ce qui écherra jusqu'à la fin de la jouissance, telle qu'elle est fixée par les art. 1774, 1775 et 1776.

Lorsque le bail sera fait par écrit et aura date certaine avant la faillite, la saisie ou le commandement suivi de poursuites dans la huitaine, le bailleur aura en outre privilége pour toutes les années à écheoir, si mieux il n'aime faire résilier le bail avec dommages et intérêts.

Dans tous les cas, et nonobstant toutes clauses contraires, les créanciers et autres parties intéressées peuvent sous-bailler, pendant tout le temps pour lequel le bailleur est colloqué, et même pendant toute la durée du bail, s'ils donnent des garanties suffisantes pour le paiement des loyers et fermages au fur et à mesure des échéances.

Le bailleur a le même privilége pour les réparations locatives, pour tout ce qui concerne l'exécution du bail, sa résiliation et les frais d'expulsion du fermier ou locataire.

Les sommes dues pour labours, travaux et semences de la récolte de l'année sont payées, sur le prix de la récolte, par préférence au bailleur.

Il en est de même des sommes dues pour fournitures et réparations des ustensiles aratoires, sur le prix de ces ustensiles, et pour médicaments et soins conférés aux animaux servant à la culture des terres, sur le prix de ces animaux, pourvu que, dans l'un et l'autre cas, la créance ne remonte pas au-delà de six mois.

Le bailleur peut saisir les meubles qui garnissent sa maison ou sa ferme, lorsqu'ils ont été déplacés sans son consentement, et il conserve sur eux son privilége, pourvu qu'il ait fait la revendication, savoir : lorsqu'il s'agit du mobilier qui garnissait une ferme, dans le délai de 40 jours ; et dans celui de quinzaine s'il s'agit de meubles garnissant une maison.

Cette revendication n'est pas admise contre l'acquéreur à titre onéreux, s'il prouve sa bonne foi.

(5)

2°. La créance sur le gage dont le créancier est saisi.

3°. Les frais faits pour la conservation de la chose, dans les six mois antérieurs.

Ce privilége ne pourra s'exercer au préjudice d'un droit de gage constitué depuis ces frais.

4°. Le prix des meubles corporels, même immobilisés par destination, si le vendeur a réclamé dans l'année de la livraison, et le prix des meubles incorporels, quel que soit le temps écoulé entre la livraison et la demande.

Le vendeur peut même, au préjudice de tous créanciers, revendiquer les meubles corporels et incorporels par lui vendus, à défaut de paiement du prix, tant qu'ils sont en la possession de l'acheteur, pourvu que la revendication soit faite dans la huitaine de la tradition, et qu'ils se trouvent dans le même état où ils étaient lors de cette tradition ; au surplus la résolution de la vente peut toujours être demandée, conformément à l'article 1184, lorsqu'il n'existe ni aliénation, ni saisie, ni opposition.

Le privilége du vendeur ne peut être exercé, ni au préjudice des tiers acquéreurs qui ont reçu livraison, sauf à le faire valoir sur le prix encore dû , ni au préjudice des créanciers désignés au présent article ; cependant il sera préféré au privilége pour loyers et fermages, si avant l'introduction des effets vendus dans la maison ou la ferme, le vendeur a fait connaître, par une notification, que le prix lui est encore dû.

Il n'est point dérogé aux dispositions de l'art. 550 du code de commerce et des art. 574 et suiv. dudit code, en matière de revendication.

5°. Les créances pour lesquelles existe le droit de rétention, sur le prix de la chose dont le créancier est saisi.

Il y a lieu à rétention toutes les fois que la créance et l'obligation de livrer une chose résultent d'une même convention ou d'un même fait.

Ainsi sont privilégiés, en vertu du droit de rétention ;

Les fournitures de l'aubergiste, sur les effets du voyageur transportés dans son auberge ;

Les frais de voiture et dépenses accessoires, sur la chose voiturée ;

La créance du manufacturier, de l'ouvrier et autres qui ont amélioré la chose, sur la chose améliorée.

6°. Les créances résultant d'abus et prévarications commis par les fonctionnaires publics dans l'exercice de leurs fonctions, sur les fonds de leur cautionnement et sur les intérêts qui en peuvent être dus.

2103. Les priviléges particuliers sur certains meubles s'exercent avant les priviléges généraux.

Néanmoins 1°., les frais de justice, tels qu'ils ont été définis en l'art. 2101, n°. 1er., sont colloqués au premier rang.

2°. En cas de décès du locataire, le privilége des frais funéraires prime celui du bailleur; il prime également celui de l'aubergiste, lorsque le voyageur décède pendant le séjour dans l'auberge. Dans ces deux cas le bailleur et l'aubergiste sont subrogés au privilége des frais funéraires.

3°. Le salaire des gens de service de la ferme est préféré, pour six mois seulement, au privilége du bailleur ; mais celui-ci est subrogé au privilége desdits gens de service.

SECTION II.

Des priviléges sur les immeubles.

2104. Les créanciers privilégiés sur les immeubles sont :

1°. Les créanciers pour frais de justice.

2°. L'ancien propriétaire, sur l'immeuble aliéné, pour tous droits et créances résultant de la transmission, à quelque titre qu'elle ait eu lieu.

(7)

En cas d'aliénations successives, le premier propriétaire est préféré au second, le second au troisième et ainsi de suite.

3°. Les copartageants, pour tous droits et créances résultant de l'indivision ou du partage, tels que restitution de fruits, paiement de dettes, garantie, retour de lot, prix de licitation, sur le lot attribué à chacun de leurs copartageants, et jusqu'à concurrence de sa part contributoire.

4°. Les architectes, entrepreneurs, maçons et autres ouvriers employés pour édifier, reconstruire ou réparer des bâtiments ou canaux, pour dessécher des marais, défricher des immeubles, ou faire d'autres ouvrages quelconques; pourvu néanmoins que, par un expert nommé d'office par le président du tribunal de l'arrondissement où sont situés les immeubles, il ait été dressé un procès-verbal à l'effet de constater l'état des lieux, relativement aux ouvrages que le propriétaire déclarera avoir dessein de faire, et que les ouvrages aient été, dans les six mois de la cessation des travaux, reçus par un expert également nommé d'office.

Ce privilége n'a lieu que pour le prix des travaux faits postérieurement au premier procès-verbal, et ne peut excéder le montant des valeurs constatées par le second procès-verbal.

Il se réduit à la plus-value existant à l'époque de l'aliénation de l'immeuble et résultant des travaux qui ont été faits.

SECTION III.

Des priviléges qui s'étendent sur les meubles et les immeubles.

2105. Les créanciers privilégiés sur les meubles et les immeubles sont, par l'effet de la séparation des patrimoines, les créanciers d'un individu décédé et ses légataires, les créanciers d'une communauté entre époux ou d'une société légalement établie, sur les biens de la succession, de la communauté ou de la société, et sur le prix desdits biens.

Ce privilége ne s'exerce sur les meubles, qu'après l'acquittement des créances désignées en l'art. 2102, procédant du chef de l'héritier de l'époux et de l'associé.

Les créanciers et légataires ayant conservé leur privilége sont payés dans l'ordre suivant :

1°. Les créanciers dans la proportion de leurs créances, à moins qu'il n'existe entre elles des causes légitimes de préférence ;

2°. Les légataires, également au marc le franc, à moins que le testateur n'ait expressément déclaré que tel legs serait acquitté de préférence aux autres.

2106. Lorsque la valeur des immeubles n'a pas été absorbée par les créances privilégiées ou hypothécaires, la portion du prix qui reste due est distribuée comme valeur mobilière et affectée, par préférence, au paiement des créances énoncées en l'art. 2101.

Section IV.

Comment se conservent les priviléges.

2107. Les priviléges ne produisent d'effet à l'égard des immeubles qu'autant qu'ils sont rendus publics par inscription sur les registres du conservateur des hypothèques, de la manière déterminée ci-après.

Cette règle est applicable aux priviléges admis par les lois exceptionnelles, et notamment par les lois relatives au privilége du trésor public sur les biens acquis par les comptables.

Est excepté de la formalité de l'inscription le privilége des frais de justice.

2108. Les anciens propriétaires et les copartageants conservent leur privilége par une inscription requise dans les soixante jours à dater de la réalisation de la vente ou du partage.

(9)

S'il n'a pas été pris inscription valable dans ce délai, l'action en résolution pour défaut de paiement du prix ou inaccomplissement des charges imposées au nouveau propriétaire, ne préjudiciera ni aux nouvelles aliénations, ni aux priviléges, hypothèques ou autres droits réels établis sur l'immeuble.

2109. Les architectes, entrepreneurs, maçons et autres ouvriers conservent leur privilége par une inscription prise dans les quinze jours à dater de l'ordonnance qui nomme un expert pour constater l'état des lieux.

L'inscription énonce cette ordonnance, le procès-verbal de l'expert et le dépôt au greffe de l'un et l'autre acte ; elle contient l'évaluation provisionnelle de la créance.

Cette evalution fixe le *maximum* du privilége; elle doit être rectifiée dans les quinze jours de la clôture du procès-verbal constatant la réception des travaux, sous peine pour le créancier de supporter tous les frais de l'action en réduction, et sans préjudice des dommages et intérêts.

La rectification est portée en marge de l'inscription ; elle mentionne le second procès-verbal et la date de son dépôt au greffe. Elle est requise par note signée du créancier ou du porteur de sa procuration spéciale et authentique ; elle s'opère sur le vu d'une expédition en forme du second procès-verbal, au pied de laquelle le conservateur certifie avoir fait la rectification.

2110. Le privilége de la séparation des patrimoines se conserve ;

1°. Sur les meubles, si la créance est exigible, par la saisie ou l'opposition faite dans les six mois de l'ouverture de la succession, de la dissolution de la communauté ou de la société, et lorsque l'indivision n'a pas cessé dans ce délai, jusqu'au partage, à la licitation ou à la vente des meubles indivis.

Tout créancier ou légataire, même sous condition ou à terme, peut, dans les mêmes délais, demander caution de la valeur du mobilier, en se conformant aux articles 992 et suivants du code de procédure, si la caution n'est pas fournie, faire ordonner la vente des meubles et le dépôt du prix à la caisse des consignations, et, si les meubles ne sont pas représentés, obtenir une contrainte. La somme cautionnée, consignée ou obtenue par la contrainte est affectée, par privilége, aux créanciers et légataires qui ont formé opposition en temps utile.

2°. Sur les immeubles, par une inscription requise sur chaque parcelle, dans les six mois comme il est dit ci-dessus, et, lorsqu'il y a lieu à partage, même après les six mois, mais dans les quinze jours à dater de la réalisation du partage, de la licitation ou de la vente de l'immeuble indivis.

L'inscription pour la séparation des patrimoines peut être requise à raison de toute créance, même éventuelle ou à terme, pourvu qu'il y ait soit titre authentique portant minute, soit titre en brevet ou sous seing privé déposé devant notaire, soit autorisation portant minute, accordée sur requête par le président du tribunal de la situation des biens ou du domicile du débiteur.

2111. Si la succession a été acceptée sous bénéfice d'inventaire par tous les héritiers ou quelqu'un d'entre eux, le privilége peut être conservé, après les délais ci-dessus, sur les biens échus à chaque héritier bénéficiaire, tant qu'il n'a pas perdu cette qualité, mais seulement pour sa part contributoire dans la dette ou le legs.

2112. Si la succession a été vacante, le privilége sur les meubles se maintient par l'opposition à ce que le curateur remette les titres et effets à l'héritier. Cette remise ne peut s'effectuer que du consentement des opposants ou en vertu de jugements rendus avec eux : les délais pour s'inscrire sur les immeubles ne courent qu'à dater des actes de consentement ou des jugements.

2113. Tout droit de privilége sur les immeubles qui n'aura pas été inscrit dans les délais, dégénère en simple hypothèque ; cette hypothèque, dans les cas prévus par les art. 2110, 2111 et 2112, n'a d'effet, sur les biens échus aux copartageants, que pour la part contributoire de chacun au paiement des créances et legs.

CHAPITRE III.

DES HYPOTHÈQUES.

2114. L'hypothèque est un droit réel sur les immeubles affectés à l'acquittement d'une obligation.

Elle les suit dans quelques mains qu'ils passent.

2115. L'hypothèque n'a lieu que dans les cas et suivant les formes déterminées par la loi.

2116. Elle est ou légale, ou judiciaire, ou conventionnelle.

Elle est ou générale ou spéciale.

L'hypothèque générale grève les immeubles présents et à venir du débiteur; elle n'affecte point ceux de ses héritiers.

2117. L'hypothèque légale est celle qui résulte de la loi.

L'hypothèque judiciaire est celle qui résulte des jugements ou actes judiciaires, dans les cas ci-après indiqués.

L'hypothèque conventionnelle est celle qui dépend des conventions et et de la forme extérieure des actes et des contrats.

2118. Sont seuls susceptibles d'hypothèque, 1º. les biens immobiliers qui sont dans le commerce et leurs accessoires réputés immeubles; 2º. les tenures emphytéotiques et droits de superficie; 3º. l'usufruit des mêmes biens et accessoires.

L'hypothèque acquise s'étend à toutes les améliorations survenues à l'immeuble hypothéqué.

Ne sont susceptibles d'hypothèque, ni les actions en nullité, en rescision ou en résolution, ni les immeubles auxquels elles s'appliquent; ces actions peuvent seulement être données en gage dans les formes prescrites pour les créances mobilières; le créancier gagiste a le droit d'intenter l'action et il est colloqué en privilége sur le prix des immeubles rentrés dans le patrimoine du débiteur, tant pour ses frais et avances que pour sa créance, pourvu qu'il s'inscrive dans les soixante jours, soit de l'acte volontaire de remise, soit du jugement ou de l'arrêt définitif.

2119. Les meubles n'ont pas de suite par hypothèque.

2120. Il n'est rien innové aux dispositions du Code de commerce concernant les navires et bâtiments de mer.

SECTION Ire.

Des hypothèques légales.

2121. Les droits et créances auxquels l'hypothèque légale est attribuée sont :

1º. Ceux des femmes mariées, sur les biens de leurs maris;

2º. Ceux des mineurs et des interdits, même légalement, sur les biens de leurs tuteurs ou protuteurs et du second mari de la mère des mineurs, dans les cas prévus par les art. 395 et 396.

Les enfants n'ont pas d'hypothèque légale sur les immeubles de leur père, administrateur de leurs biens pendant le mariage.

3º. Ceux de l'état, des communes et des établissements publics, sur les biens des receveurs et administrateurs comptables.

2122. Les hypothèques légales sont générales.

SECTION II.

Des hypothèques judiciaires.

2123. L'hypothèque judiciaire résulte des jugements soit contradictoires soit par défaut, définitifs ou provisoires, qui prononcent une condamnation ou accordent une hypothèque à titre de mesure conservatoire.

Elle résulte aussi des jugements portant reconnaissance ou véri-

(13)

fication de signatures apposées à un acte obligatoire sous seing privé.

Néanmoins lorsqu'il aura été rendu un jugement sur une demande en reconnaissance d'une obligation sous seing privé, formée avant l'exigibilité de ladite obligation, il ne pourra, nonobstant toute convention contraire, être pris aucune inscription en vertu de ce jugement, qu'à défaut de paiement de l'obligation après son exigibilité.

L'hypothèque judiciaire résulte encore des soumissions de caution ordonnées par justice.

Les décisions arbitrales n'emportent hypothèque qu'autant qu'elles sont revêtues de l'ordonnance judiciaire d'exécution.

L'hypothèque ne peut pareillement résulter des jugements rendus en pays étranger, qu'autant qu'ils ont été déclarés exécutoires, après examen, par un tribunal français; sans préjudice des dispositions contraires qui peuvent être dans les lois politiques ou dans les traités.

L'hypothèque judiciaire est générale ; cependant si elle résulte de la soumission faite par une caution, elle n'a effet que sur les biens affectés par l'acte de soumission.

SECTION III.

Des hypothèques conventionnelles.

2124. Les hypothèques conventionnelles ne peuvent être consenties que par ceux qui ont la capacité d'aliéner les immeubles qu'ils y soumettent.

2125. Ceux qui n'ont sur l'immeuble qu'un droit suspendu par une condition, ou résoluble dans certains cas, ou sujet à rescision, ne peuvent consentir qu'une hypothèque soumise aux mêmes conditions ou à la même rescision.

2126. Les biens des mineurs, des interdits, ceux des absents, tant que la possession n'en est déférée que provisoirement, et généralement les biens régis par un administrateur légal, ne peuvent être hypothéqués que pour les causes et dans les formes établies par la loi, ou en vertu de jugements.

2127. L'hypothèque conventionnelle ne peut être consentie que par acte notarié portant minute.

Tout mandat contenant pouvoir de consentir hypothèque doit être passé devant notaire, et si ce mandat est en brevet, il doit rester annexé à l'acte constitutif de l'hypothèque, à moins qu'il n'ait été précédemment déposé, auquel cas il suffit d'indiquer la date du dépôt et le notaire qui l'a reçu.

Le tout à peine de nullité.

L'hypothèque consentie dans la forme ci-dessus est valable et peut être utilement inscrite dès l'instant même, quelle que soit l'époque ou la forme de l'acceptation faite par le créancier, par ses héritiers ou ayant cause.

Il n'est point dérogé aux lois relatives aux hypothèques conférées par les actes émanés de l'autorité administrative.

2128. Les contrats passés en pays étranger ne peuvent donner d'hypothèque sur les biens de France, s'il n'y a des dispositions contraires à ce principe dans les lois politiques ou dans les traités.

2129. L'hypothèque ne peut être consentie que pour une créance actuellement existante, ou dépendant d'une condition suspensive.

Néanmoins elle peut être donnée pour la sûreté d'un crédit ouvert par un banquier ou autre commerçant, et elle aura effet, du jour de l'inscription, pour les avances faites sans fraude, pourvu qu'elles soient justifiées par des livres régulièrement tenus.

L'hypothèque conventionnelle ne peut résulter d'un titre au porteur, ou d'un acte transmissible par voie d'endossement.

2130. L'hypothèque conventionnelle est spéciale. — Le titre constitutif doit désigner la commune où sont situés les biens soumis à l'hypothèque.

Les biens à venir ne peuvent être hypothéqués.

2131. Si les immeubles affectés à l'hypothèque ont péri, ou éprouvé des dégradations, de manière à ce qu'ils soient devenus insuffisants pour la sûreté du créancier, il a le droit de réclamer le remboursement de sa créance ; néanmoins si la perte ou les dégradations ont eu lieu sans la faute du débiteur, celui-ci sera admis à offrir un supplément d'hypothèque.

SECTION IV.

Du rang que les hypothèques ont entre elles.

2132. Entre les créanciers l'hypothèque n'a de rang que du jour de l'inscription prise sur les registres du conservateur, dans la forme et de la manière prescrites par la loi, sauf les exceptions portées aux articles suivants.

2133. Les créanciers d'un précédent propriétaire sont préférés à tous les créanciers des propriétaires suivants, pourvu qu'ils aient conservé leur droit de suite à l'égard de ces derniers.

2134. L'hypothèque générale produit effet sur les biens à venir du débiteur, à la date du titre, lorsqu'elle est inscrite, savoir :

S'il s'agit d'une transmission entre vifs, dans les trente jours de la réalisation de l'acte d'acquisition ; et s'il s'agit d'une mutation par décès, dans les six mois de l'ouverture de la succession *ab intestat*, ou de la réalisation du titre, si la transmission s'effectue par testament ou donation de biens à venir.

Après ces délais l'hypothèque n'a de rang qu'à la date de l'inscription.

2135. L'hypothèque existe indépendamment de toute inscription,

1°. Au profit des mineurs et des interdits, sur les immeubles appartenant aux personnes désignées dans l'art. 2121, à raison de leur gestion, du jour où commence pour elles l'obligation de gérer ;

2°. Au profit des femmes mariées pour tous droits et créances contre leurs maris, du jour du mariage.

Néanmoins lorsque la créance résulte de faits purement volontaires de la femme, tels que dettes contractées, ou ventes consenties conjointement avec le mari, l'hypothèque n'existe qu'à dater de l'époque où ces faits sont constatés par acte ayant date certaine.

Les mineurs, les interdits et les femmes mariées n'ont point d'hypothèque légale à raison d'actes qu'ils pouvaient faire révoquer, annuler ou rescinder.

2136. Les personnes grevées d'hypothèques dispensées d'inscription sont tenues, à peine de tous dommages et intérêts, de les faire inscrire sur leurs biens actuels, dans le délai, de soixante jours, et sur leurs biens futurs, dans le même délai, à compter du jour où ils leur seront advenus.

2137. Les subrogés-tuteurs seront tenus, sous leur responsabilité personnelle, et sous peine de tous dommages et intérêts, de veiller à ce que les inscriptions soient prises, sans délai, dans l'intérêt des mineurs ou interdits, et même de faire faire lesdites inscriptions.

2138. A défaut par les maris, tuteurs, subrogés-tuteurs, de faire faire les inscriptions ordonnées par les articles précédents, elles seront requises par le procureur du Roi près le tribunal de première instance du domicile des maris ou tuteurs, ou du lieu de la situation des biens.

2139. Pourront les parents, soit du mari, soit de la femme, et les parents du mineur, ou, à défaut de parents, ses amis, requérir lesdites inscriptions; elles pourront aussi être requises par la femme et par les mineurs.

Le conservateur sera tenu, toutes les fois qu'il inscrira l'hypothèque légale de la femme, du mineur ou de l'interdit, quel que soit le requérant, d'élire domicile chez le président de la chambre des avoués, indépendamment du domicile qui aurait été indiqué par le bordereau.

2140. La dispense d'inscription cesse un an après la dissolution du mariage , ou la cessation de la tutelle par la majorité du pupille , la main-levée définitive de l'interdiction , et le décès du mineur ou de l'interdit : si les hypothèques n'ont point été inscrites avant l'expiration de l'année , elles ne prennent rang qu'à la date de l'inscription.

2141. Les hypothèques légales ne peuvent être restreintes ni par le contrat de mariage, ni par l'acte de nomination du tuteur ; mais les parties intéressées peuvent toujours se pourvoir en dégrevement.

2142. La demande se forme par requête adressée au tribunal du domicile du débiteur , le demandeur y annexe les documents à l'appui et un avis des parents du créancier réunis en conseil de famille, conformément aux art. 407 et suiv. ; sur cette requête le président ordonne la communication au ministère public et commet un juge pour en faire le rapport à jour indiqué.

La femme ou le subrogé-tuteur peuvent adhérer à la demande, soit dans la requête, soit par acte à part. A défaut d'adhésion ils sont assignés par un huissier que commet le président, pour assister au rapport et contredire s'il y a lieu.

2143 Dans tous les cas le jugement est rendu à l'audience, après avoir entendu le ministère public ; le dégrèvement est prononcé eu égard aux circonstances et probabilités des chances, et aux présomptions de fait, de manière à concilier les droits vraisemblables du créancier , avec l'intérêt du crédit raisonnable à conserver au débiteur. Le jugement indique les parcelles dégrevées de l'hypothèque et ordonne la radiation des inscriptions qui les affectaient.

2144. Si le jugement est rendu avec le consentement de la femme ou du subrogé-tuteur , il le constate dans son dispositif. Le conservateur l'exécute immédiatement, en mentionnant sur son registre les parcelles dégrevées.

3

Si le jugement ne constate pas l'adhésion de la femme ou du subrogé-tuteur, il ne sera exécutoire que sous les conditions prescrites pour l'exécution des jugements de radiation.

2145. Nonobstant le dégrèvement, toute personne ayant qualité pour faire inscrire l'hypothèque légale, peut requérir inscription sur les parcelles dégrevées, à charge d'assigner le débiteur en validité de l'inscription, sans essai de conciliation, devant le tribunal de son domicile, dans les trois jours suivants, outre un jour par cinq myriamètres de distance.

L'inscription n'aura d'effet qu'à partir de sa date : le tribunal pourra en donner main levée par jugement exécutoire nonobstant opposition ou appel, sans préjudice des dommages et intérêts contre l'inscrivant.

L'assignation en validité sera dénoncée dans les soixante jours de l'inscription au conservateur des hypothèques qui visera l'original de l'exploit ; faute de dénonciation dans ce délai, l'inscription sera rayée sur la sommation faite par le grevé et visée par le conservateur.

CHAPITRE IV.

DU MODE DE L'INSCRIPTION DES PRIVILÉGES ET HYPOTHÈQUES.

2146. Les inscriptions se font au bureau de la conservation des hypothèques dans l'arrondissement duquel sont situés les biens soumis au privilége ou à l'hypothèque.

Elles ne donnent aucun droit de préférence entre les créanciers non déchus du privilége de la séparation des patrimoines, si elles n'ont été prises que depuis l'ouverture de la succession, à moins qu'il ne s'agisse d'une hypothèque dispensée d'inscription, ou du renouvellement d'une inscription subsistante.

Il n'est pas dérogé à l'art. 448 du code de commerce.

2147. Tous les créanciers inscrits le même jour exercent en con currence une hypothèque de la même date , sans distinction entre l'inscription du matin et celle du soir, quand cette différence serait marquée par le conservateur.

2148. Pour opérer l'inscription, le créancier, ou toute autre personne, représente au conservateur expédition authentique du jugement, ou de l'acte constitutif ou récognitif du privilége ou de l'hypothèque.

Il y joint deux bordereaux écrits sur papier timbré, dont l'un peut être porté sur l'expédition du titre ; ils indiquent :

1°. Le créancier et le débiteur, tels qu'ils sont désignés au titre primordial ou récognitif, sans qu'il puisse être exigé d'autres désignations. Il sera permis d'indiquer, en outre, les noms des créanciers et des débiteurs actuels,

2°. La date du titre et le dépositaire de la minute ;

3°. Le capital de la créance, son évaluation, si elle est indéterminée; les intérêts ou arrérages qu'elle produit; ses accessoires tels que les frais et dépens exigibles à la date de l'inscription ; l'époque de l'exigibilité, et, pour les créances éventuelles, la condition dont elles dépendent ;

4°. Les parcelles ou les fractions de parcelles sur lesquelles on entend inscrire, par la désignation de la commune, de la section et du numéro, conformément au registre parcellaire déposé à la conservation;

5°. Le domicile élu pour le créancier dans un lieu quelconque de l'arrondissement du bureau ;

6°. Les nom, prénoms, profession et domicile de la personne qui représentera les bordereaux, et qui sera tenue de les signer devant le conservateur.

Les droits d'hypothèque purement légale de l'état, des communes et des établissements publics, ceux des mineurs, des interdits, des femmes mariées seront inscrits sur la simple représentation de deux bordereaux rédigés comme il est dit ci-dessus ; néanmoins les énonciations prescrites aux numéros 2 et 3 seront remplacées par l'indication de la qualité qui autorise le requérant à prendre inscription, et de la nature des droits à conserver.

2149. Le conservateur refusera d'inscrire les bordereaux qui ne contiendraient pas les énonciations prescrites par les nos. 4, 5 et 6 de l'article précédent.

Il sera personnellement responsable de dommages et intérêts si l'inscription n'indique pas le requérant conformément au no. 6.

L'omission des indications exigées par les nos. 4 et 5 emportera nullité.

S'il y a omission, erreur ou insuffisance dans les désignations exigées par les nos. 1, 2 et 3, le créancier et l'inscrivant pourront être condamnés à tels dommages et intérêts qu'il appartiendra.

Le débiteur aura (action, contre le créancier, pour faire rectifier l'inscription, s'il y a eu exagération dans la fixation de la créance, s'il y a eu omission du terme ou de la condition, sans préjudice du droit de faire réduire l'évaluation, comme il sera dit ci-après, quand la créance est indéterminée.

2150. Le conservateur fait mention sur son registre du contenu aux bordereaux et remet au requérant tant l'expédition du titre, que l'un des bordereaux au pied duquel il certifie avoir fait l'inscription. Cette inscription ne produit d'effet que sur les parcelles indiquées.

2151. Le créancier privilégié ou hypothécaire inscrit pour un capital produisant intérêts ou arrérages, a droit d'être colloqué au même rang que pour le capital :

1º. Pour deux années seulement et pour le prorata de l'année courante, sans préjudice des inscriptions particulières à prendre, portant hypothèque à compter de leur date, pour les intérêts ou arrérages autres que ceux conservés par la première inscription ;

2º. Pour le temps qui s'écoulera jusqu'à l'ordonnance de clôture de l'ordre, savoir : en cas d'expropriation forcée, depuis la transcription de la saisie, et en cas de vente volontaire, à compter de la notification, même suivie de surenchère.

Néanmoins les femmes mariées, les mineurs et les interdits, tant que leur hypothèque est dispensée d'inscription, sont colloqués pour tous les intérêts et arrérages échus, au même rang que pour le capital.

2152 Toutes personnes ayant intérêt au maintien d'une inscription, telles que les cautions, les cobligés, les créanciers postérieurs et les tiers détenteurs, pourront s'opposer à ce qu'elle soit radiée : néanmoins ce droit n'appartiendra aux créanciers de la partie au profit de laquelle l'inscription a été faite. qu'après la saisie soit du principal soit des intérêts ou arrérages de la créance inscrite.

L'opposition sera signifiée au conservateur qui visera l'original ; elle contiendra, sous peine de nullité, outre les formalités communes à tous les exploits :

1°. Constitution d'un avoué près le tribunal de la situation des biens ; en cas de cessation de fonctions, cet avoué sera, de plein droit, remplacé par son successeur, et s'il n'en a pas encore, par le président de la chambre des avoués ;

2°. L'énonciation précise des causes de l'opposition ;

3°. L'indication de l'inscription par le volume et le numéro du registre.

L'opposition n'a d'effet que sur l'inscription quelle indique, sauf à la réitérer sur les inscriptions prises en renouvellement. Elle sera mentionnée sur les registres du conservateur, et il en sera fait note en marge de l'inscription.

Toutes notifications, toutes demandes en radiation, toutes sommations de produire seront dénoncées aux opposans par acte d'avoué, afin qu'ils exercent les droits du créancier inscrit, dans la mesure de leur intérêt.

La main levée de l'opposition sera demandée, s'il y a lieu, par requête d'avoué et sans préliminaire de conciliation.

2153 Il est loisible au créancier, ou à ses représentants, de changer le domicile élu dans l'inscription, pourvu qu'ils en forment la demande par une réquisition écrite et signée, indiquant leurs nom, prénoms, profession et domicile.

Cette réquisition sera transcrite sur le registre des inscriptions, et annotation en sera faite en marge de l'inscription.

Les actions relatives à l'inscription seront intentées par exploits signifiés aux divers domiciles élus.

2154. Les inscriptions conservent le privilége et l'hypothèque pendant dix années à compter du jour de leur date exclusivement; si elles n'ont pas été renouvelées dans ce délai, elles sont réputées non avenues.

Néanmoins après l'aliénation volontaire ou forcée de l'immeuble, lorsque le prix est définitivement fixé, soit par l'expiration des délais pour surenchérir, soit, s'il y a surenchère, par l'adjudication, les droits des créanciers sur le prix subsistent, malgré la péremption ultérieure de leurs inscriptions, et le défaut de renouvellement ne peut profiter qu'aux sous-acquéreurs ou aux autres personnes ayant acquis des droits sur le nouveau propriétaire, depuis la réalisation.

Le renouvellement sera requis par toute partie intéressée, dans la même forme que les inscriptions, mais sans qu'il faille produire de titre. L'inscription en renouvellement ne vaudra que comme inscription première, si elle ne contient pas mention formelle de l'inscription renouvelée, mais il ne sera pas nécessaire d'y rappeler les inscriptions précédentes.

Dans le cours de la dixième année les conservateurs indiqueront, par lettres missives, aux parties intéressées, les inscriptions à renouveler, sans que le défaut d'avis engage leur responsabilité et dispense du renouvellement.

2155. Les frais des inscriptions sont à la charge du débiteur, s'il n'y a stipulation contraire; l'avance en est faite par l'inscrivant, si ce n'est quant aux hypothèques légales pour l'inscription desquelles le conservateur exercera son recours contre le débiteur, dans les formes prescrites par le titre 9 de la loi du 12 décembre 1798. (22 frimaire an 7.)

Il en est de même des inscriptions en renouvellement prises

dans le cours de la dixième année; mais si le renouvellement n'a eu lieu que dans les six derniers mois, le créancier paiera, sans répétition contre le débiteur, en sus du coût de l'inscription, le double du droit fixe, au profit du trésor; ce droit sera réduit de moitié et appartiendra au conservateur si l'inscription est renouvelée sur une lettre d'avis, portant le timbre de la poste et écrite dans le cours de la dixième année, comme il est dit en l'article précédent; cette lettre sera remise au conservateur qui en justifiera.

CHAPITRE V.

DE LA RADIATION ET RÉDUCTION DES INSCRIPTIONS.

2156. Toutes demandes principales introductives d'instance, auxquelles peuvent donner lieu les inscriptions, telles que les demandes en rectification, en réduction ou en radiation, sont formées, sans essai de conciliation, devant le tribunal de l'arrondissement où les inscriptions ont été requises, par exploits signifiés en une seule copie pour chaque inscription, quel que soit le nombre des inscrivants, aux domiciles élus par les inscriptions, et ce nonobstant le décès soit du créancier, soit de ceux chez lesquels aurait été faite l'élection de domicile.

Les jugements rendus sur assignation commise au domicile élu, quels que soient leurs termes, n'auront d'effet qu'en ce qui concerne l'incription, à moins que, par suite d'une discussion contradictoire, ils n'aient formellement statué dans leur dispositif sur la créance elle-même.

Si l'inscription a été requise pour sûreté d'une condamnation éventuelle ou indéterminée, sur l'exécution ou la liquidation de laquelle le débiteur et le créancier sont en instance, le tribunal saisi de l'action pourra ordonner la radiation, la réduction ou la rectification de l'inscription.

(24)

La convention faite par le créancier et le débiteur de porter, en cas de contestation , la demande à un tribunal qu'ils auraient désigné, recevra son exécution entre eux.

2157. Les jugements qui ordonnent une main-levée d'inscription, une rectification ou une réduction sont signifiés au domicile élu par l'inscription.

S'ils ont été rendus contre une partie qui n'avait pas constitué avoué, ils sont insérés par extrait dans le journal désigné pour recevoir les annonces judiciaires de l'arrondissement.

2158. Ces jugements sont exécutés par le conservateur sur la remise de l'expédition et en outre, 1°. d'un certificat de l'avoué attestant la signification faite, tant à l'avoué adverse, qu'au domicile élu, et l'insertion au journal , si le défendeur n'a pas constitué avoué ; 2°. d'un certificat du greffier donné vingt jours au moins après les significations ci-dessus et l'insertion au journal quand elle sera requise, à l'effet de constater que sur le registre prescrit par l'art. 163 du code de procédure il n'existe aucune mention d'opposition ou d'appel.

La partie condamnée ou les tiers pourront, néanmoins, s'opposer à l'exécution du jugement par signification contenant constitution d'un avoué près le tribunal, qui a rendu le jugement ; cette signification sera faite au conservateur qui visera l'original sous peine de nullité.

2159. Les inscriptions seront rayées ou réduites du consentement des parties intéressées et ayant capacité à cet effet. Le consentement sera donné par acte notarié portant minute. Le notaire est chargé à ses périls et risques de vérifier la qualité et la capacité des parties.

Le conservateur devra rayer ou réduire l'inscription sur le vu de l'expédition de l'acte , laquelle restera déposée entre ses mains.

2160. La radiation , non consentie , doit être ordonnée par les tribunaux lorsque l'inscription a été faite sans être fondée ni sur la loi ni sur un titre, ou lorsqu'elle l'a été en vertu d'un titre soit irrégulier , soit éteint ou soldé, ou lorsque les droits de privilége ou d'hypothèque sont effacés par les voies légales.

2161. Toutes les fois que les inscriptions porteront sur plus de parcelles qu'il n'est nécessaire à la sûreté des créances, l'action en radiation d'une partie, en ce qui excède la portion convenable , est ouverte au grevé.

La disposition du présent article s'applique même aux hypothèques conventionnelles.

2162. La valeur des immeubles est déterminée par quinze fois le revenu des biens ruraux et par dix fois le revenu des maisons et autres immeubles sujets à dépérissement.

Le revenu est déterminé par cinq fois le montant de la contribution foncière.

Les juges doivent prendre en considération, outre le principal de la créance et les intérêts ou arrérages venant au même rang , tous les frais présumés nécessaires pour la vente de l'immeuble et la tenue de l'ordre.

2163. Peuvent aussi être réduites comme excessives, les inscriptions prises d'après l'évaluation faite par l'inscrivant des créances qui, en ce qui concerne l'hypothèque à établir pour leur sûreté, n'ont pas été réglées par la convention, et qui, par leur nature, sont éventuelles ou indéterminées.

2164. L'excès dans ce cas est arbitré par les juges, d'après les circonstances, les probabilités des chances et les présomptions de fait, de manière à concilier les droits vraisemblables du créancier, avec l'intérêt du crédit raisonnable à conserver au débiteur ; sans préjudice des nouvelles inscriptions à prendre avec hypothèque du jour de leur date , lorsque l'événement aura porté les créances indéterminées à une somme plus forte.

2165. Les quatre articles précédents ne sont point applicables aux hypothèques légales, tant qu'elles sont dispensées d'inscription , sauf l'action en dégrèvement, telle qu'elle est autorisée par les art. 2141 et suivants.

4

CHAPITRE VI.

DE L'EFFET DES PRIVILÉGES ET HYPOTHÈQUES CONTRE LES TIERS DÉTENTEURS.

2166. Les créanciers ayant privilége ou hypothèque sur un immeuble, le suivent en quelques mains qu'il passe, pour être colloqués suivant l'ordre de leurs créances.

Néanmoins ce droit n'existe, pour les créances sujettes à l'inscription, qu'autant qu'elles ont été inscrites, si elles sont privilégiées, dans les délais prescrits par la section IV du chapitre II du présent titre ; et si elles sont hypothécaires, dans les quinze jours de la réalisation de l'acte de mutation ou de partage.

2167. Si le tiers détenteur ne remplit pas les formalités qui seront ci-après établies, pour purger sa propriété, il demeure obligé comme détenteur aux dettes privilégiées et hypothécaires, et jouit des termes et délais accordés au débiteur originaire. L'aliénation totale ou partielle de l'immeuble soumis au privilége ou à l'hypothèque, même suivie de réalisation, ne suffit pas pour rendre la créance exigible.

2168 Le tiers détenteur est tenu ou de délaisser l'immeuble sans aucune réserve, ou de payer tous les capitaux exigibles, ainsi que les intérêts et arrérages échus, et dont l'hypothèque aura été maintenue conformément à l'art. 2151.

Les inscriptions supplémentaires ne produisent effet contre le tiers détenteur, qu'autant qu'elles sont prises dans les quinze jours de la réalisation de la mutation ou du partage.

2169. Faute par le tiers détenteur de satisfaire aux obligations qui lui sont imposées par l'article précédent, chaque créancier a droit de faire vendre sur lui l'immeuble affecté au privilége ou à

(27)

l'hypothèque de sa créance , après commandement fait au débiteur originaire et sommation faite au tiers détenteur de payer la dette exigible , ou de délaisser l'héritage.

Le commandement est signifié dans la forme prescrite par l'art. 673 du Code de procédure.

La sommation de payer ou de délaisser contiendra copie du commandement et de l'inscription, qui devra nécessairement être requise avant cette sommation , quelle que soit la nature du privilége ou de l'hypothèque attachés à la créance.

Cette sommation sera visée conformément à l'art. 673 du Code de procédure; il y aura un intervalle de trente jours au moins entre le commandement et la sommation et pareil intervalle entre la sommation et la saisie immobilière; cette saisie devra être faite dans les 90 jours à dater du commandement.

La sommation de payer ou de délaisser ne pourra être faite qu'après les délais accordés aux créanciers du précédent propriétaire , pour inscrire leurs priviléges et hypothèques.

Le tout à peine de nullité.

S'il y a eu commandement et sommation pour le paiement de deux années d'arrérages ou d'intérêts échus, et que dans les 30 jours de la sommation il n'y ait point eu paiement desdits intérêts ou arrérages , ou offres réelles suffisantes , soit au domicile du créancier, soit au domicile élu par le commandement , les créances à terme et le capital des rentes perpétuelles deviendront de plein droit exigibles, même au préjudice du tiers détenteur.

Le paiement des intérêts et arrérages n'empêchera jamais l'exercice du privilége ou de l'hypothèque pour les deux années et l'année courante qui viendront à échoir ultérieurement.

2170. Le tiers détenteur qui n'est pas personnellement obligé à la dette, peut s'opposer à la vente de l'héritage qui lui a été transmis, s'il est demeuré d'autres immeubles affectés à la même dette en la possession du principal ou des principaux obligés , et en requérir la discussion préalable, selon la forme réglée et sous les conditions prescrites au titre du cautionnement ; pendant cette discussion il est sursis à la vente de l'héritage hypothéqué.

2171. L'exception de discussion ne peut être opposée, si le tiers détenteur n'indique pas des immeubles suffisants pour le paiement intégral de la créance, en les évaluant conformément à la loi du 14 novembre 1808 ; ou si, en cas d'insuffisance, il ne paie ou consigne immédiatement la différence.

2172. Quant au délaissement par hypothèque , il peut être fait par tous les tiers détenteurs qui ne sont pas personnellement obligés à la dette et qui ont la capacité d'aliéner.

2173. Il peut aussi être fait par le tuteur du mineur ou de l'interdit, avec l'autorisation spéciale du conseil de famille ; par le mineur émancipé, assisté de son curateur, et généralement par tous administrateurs légaux des biens d'autrui, à ce dûment autorisés.

Le délaissement par hypothèque peut être fait, même après que le tiers détenteur a reconnu l'obligation ou subi condamnation en cette qualité seulement : le délaissement n'empêche pas que, jusqu'à l'adjudication , le tiers détenteur ne puisse reprendre l'immeuble en payant la dette et les frais.

2174. Le délaissement par hypothèque se fait au greffe du tribunal où la saisie immobilière doit être portée ; il contient constitution d'avoué , il est signifié au poursuivant , au domicile élu par le commandement, avec ajournement à trois jours devant le même tribunal , pour voir accorder acte du délaissement et nommer un curateur aux biens délaissés.

Le délaissement est mentionné dans les trois jours du jugement qui l'admet, sur les registres du conservateur en marge de la réalisation , et ce sur simple note signée de l'avoué.

2175. Les détériorations qui procèdent du fait ou de la négligence du tiers détenteur, au préjudice des créanciers privilégiés ou hypothécaires, donnent contre lui ouverture à une action en indemnité. L'indemnité est immobilisée pour être distribuée avec le prix de l'immeuble.

Le tiers détenteur peut répéter ses impenses ou améliorations jusqu'à concurrence de l'avantage qui en résulte pour les créanciers privilégiés ou hypothécaires.

La demande en répétition doit, sous peine de déchéance, être formée par l'acte même de délaissement ; en cas de saisie immobilière, elle doit être formée par un dire, contenant constitution d'avoué, inséré à la suite de la mise à prix dans le délai fixé par l'art. 694 du Code de procédure.

Le tiers détenteur est appelé à l'ordre par acte d'avoué, et il sera colloqué en privilége, déduction faite des indemnités dont il serait tenu.

2176. Les fruits sont dus par le tiers détenteur à compter du jour de la sommation de payer ou de délaisser, et le capital qui en provient est immobilisé, pour être distribué avec le prix de l'immeuble saisi.

2177. Les priviléges et hypothèques, les servitudes et autres droits réels que le tiers détenteur avait sur l'immeuble, renaissent après le délaissement ou l'expropriation, pourvu que, s'ils doivent être inscrits, ils aient été dûment conservés par inscriptions prises et renouvelées en temps utile, et sans qu'on puisse opposer aucune prescription pour tout le temps qui s'est écoulé entre la réalisation et le délaissement ou l'adjudication.

Les créanciers personnels du tiers détenteur, après tous ceux qui sont inscrits sur les précédents propriétaires, exercent leurs droits, suivant leur rang, sur les immeubles délaissés ou adjugés.

2178. Les servitudes constituées par le débiteur ou le tiers détenteur subsistent, nonobstant l'exercice du privilége ou de l'hypothèque. Cependant le propriétaire du fonds dominant est tenu, sur la sommation de tout créancier antérieur, de délaisser la servitude et de notifier son délaissement dans les dix jours de la sommation, sinon il doit payer la moins value résultant pour l'immeuble de la constitution de la servitude; mais seulement jusqu'à concurrence du préjudice causé aux créanciers antérieurs.

La sommation d'un seul créancier profite à tous.

Cette sommation est signifiée au domicile du propriétaire du fonds dominant; elle contient élection de domicile dans le lieu où elle est faite.

Elle est signifiée, en cas de saisie immobilière, depuis la transcription, mais au plus tard dans les vingt jours de la sommation prescrite par l'art. 692 du code de procédure civile; et en cas d'aliénation volontaire, après la notification, mais dans les vingt jours suivants.

2179. Le tiers détenteur qui a payé la dette hypothécaire, ou délaissé l'immeuble hypothéqué, ou subi l'expropriation de cet immeuble, a le recours en garantie, tel que de droit, contre les précédents propriétaires ou copartageants, et contre les débiteurs personnels.

CHAPITRE VII.

DE L'EXTINCTION DES PRIVILÉGES ET HYPOTHÈQUES.

2180. Les priviléges et hypothèques s'éteignent :

1°. Par l'extinction de l'obligation principale;

2°. Par la renonciation du créancier au privilége ou à l'hypothèque, même hors la présence des parties intéressées :

La main-levée de l'inscription, tant qu'il n'y a pas eu radiation, n'équivaut pas à renonciation;

La présence du créancier à l'acte d'aliénation exclut le droit de surenchère, mais le créancier peut se faire colloquer sur le prix, à moins que, d'après les clauses de l'acte d'aliénation, ce prix n'ait été payé ou délégué;

La renonciation à l'hypothèque consentie au profit d'un créancier désigné n'entraîne que l'obligation de ne pas requérir collocation à son préjudice;

Lorsque la créance n'est pas transférée ou éteinte, la subrogation au privilége ou à l'hypothèque n'est qu'une renonciation au droit de priorité.

3°. Par l'accomplissement des formalités et conditions prescrites aux tiers détenteurs pour purger les biens par eux acquis;

4°. En cas de réalisation, par le défaut d'inscription, dans les délais, des priviléges ou des hypothèques qui doivent être inscrits, ou par le défaut de renouvellement des inscriptions;

5°. Relativement aux tiers détenteurs, par la prescription de trente ans, quand même la créance serait conditionnelle ou à terme.

Les inscriptions requises n'interrompent pas le cours de la prescription établie par la loi en faveur du débiteur ou du tiers détenteur; mais celui-ci peut être contraint de fournir à ses frais un titre récognitif, à dater de la réalisation de son acquisition.

CHAPITRE VIII.

DU MODE DE CONSOLIDER LES TRANSMISSIONS DE DROITS RÉELS ET DE PURGER LES PROPRIÉTÉS DES PRIVILÉGES ET HYPOTHÈQUES.

SECTION Ire.

Du mode de consolider les transmissions de droits réels.

2181. Les partages d'immeubles, les actes translatifs de droits immobiliers, autres que les servitudes apparentes, n'ont d'effet qu'entre les parties contractantes ou leurs successeurs à titre universel, s'ils n'ont été rendus publics par la voie de la réalisation, dans la forme et les délais ci-après.

Il en est de même de l'antichrèse , des baux excédant neuf années, pour tout ce qui dépasse ce temps , et de toute clause constatant le paiement par anticipation de plus d'une année de loyers ou fermages , quelle que soit la durée du bail.

Le défaut de réalisation ne peut être suppléé ni regardé comme couvert par la connaissance que les tiers ont eue de la disposition, autrement que par leur présence ou leur adhésion à l'acte.

Aucun acte ne pourra être réalisé, si les transmissions antérieures, faites depuis la présente loi , n'ont été également réalisées.

2182. Ne peuvent être réalisés que les actes authentiques portant minute , et les actes sous seing privé , reconnus ou non , mais déposés devant notaire.

La réalisation s'opère par le conservateur des hypothèques de l'arrondissement où les biens sont situés , à la réquisition de toute personne , sur la représentation d'une expédition en forme du titre constitutif ou récognitif des droits à réaliser.

Le requérant y joint deux bordereaux écrits sur papier timbré , dont l'un peut être porté sur l'expédition du titre ; ils indiquent :

1o. L'auteur de la transmission et la personne à qui elle est faite ; en cas de licitation ou de partage, les copropriétaires et la personne à qui le bien est échu ou a été adjugé, et en outre le propriétaire décédé, si le bien dépend d'une succession;

2o. La date du titre ou de son dépôt , et le dépositaire de la minute;

3o. La nature du droit et les parcelles qu'il grève ;

4o. Les nom , prénoms, profession et domicile du requérant, qui signe les bordereaux en présence du conservateur.

Le conservateur inscrit, sur le registre des réalisations, le contenu aux bordereaux, et remet au requérant l'expédition du titre et l'un des bordereaux, au pied duquel il certifie avoir fait l'inscription.

Le bordereau doit être refusé, sous peine de tous dommages et intérêts contre le conservateur, s'il y a omission des indications prescrites. L'inscription sera annulée ; si l'irrégularité est telle qu'on n'ait pu reconnaître ni l'ancien propriétaire, ni le nouveau , ni le titre de transmission.

La réalisation produit effet à compter 1°. de la date certaine des actes entre vifs, si elle est requise dans les quinze jours suivants ; 2°. du décès du disposant ; si elle a lieu dans les six mois et qu'il s'agisse d'une mutation par décès ; 3°. du jour où elle est faite, lorsque ces délais sont expirés.

Néanmoins les légataires à titre particulier ne peuvent se prévaloir du défaut de réalisation , pour les transmissions entre vifs consenties par le défunt, si elles ont été réalisées dans les six mois du décès.

La réalisation ne purge pas les priviléges et hypothèques ; elle n'attribue pas plus de droits que n'en avait le précédent proprié- taire ; mais celui-ci , à dater des époques ci-dessus, ne peut consti- tuer aucun droit réel sur la chose par lui transmise.

SECTION II.

Du mode de purger les propriétés des priviléges et hypothèques.

2183. Si le nouveau propriétaire veut se garantir de l'effet des poursuites autorisées dans le chapitre VI du présent titre, il est tenu de faire inscrire , en marge de l'acte de réalisation, la déclaration qu'il entend purger les parcelles de tout privilége ou hypothèque.

Cette mention est requise par un avoué qui la signe avec le con- servateur.

Elle produit les mêmes effets que la transcription d'une saisie immobilière.

Ensuite le tiers détenteur notifie aux créanciers inscrits, aux domiciles élus dans leurs inscriptions, par une seule copie à chaque domicile pour chaque inscription , quel que soit le nombre des inscrivants :

1°. Extrait de son titre, contenant seulement la date et la qualité de l'acte, la désignation précise de l'ancien propriétaire, et en outre, s'il s'agit d'un partage ou d'une licitation, celle des copartageants ou colicitants; le prix et les charges faisant partie du prix, avec leur estimation, et l'évaluation de la chose même, si la transmission n'a pas eu lieu à titre onéreux;

2°. Copie du bordereau de réalisation et de la mention faite en marge pour constater l'intention de purger;

3°. Extrait du certificat sur réalisation, au moyen d'un tableau sur trois colonnes indiquant: — la première, la date des inscriptions, avec mention si elles sont primitives ou en renouvellement, et les communes, section et no. des parcelles que chaque inscription grève; — la seconde, les noms des créanciers ou propriétaires des charges réelles, tels qu'ils sont portés dans les inscriptions ou bordereaux de réalisation. — la troisième, le montant de chaque créance inscrite ou la nature de la charge réelle;

4°. L'offre d'acquitter sur-le-champ toutes les dettes qui grèvent l'immeuble jusqu'à concurrence d'une somme fixe, qui ne peut être inférieure au prix et à l'évaluation des charges.

Le tout sous peine de nullité relativement au créancier vis-à-vis duquel les formalités ci-dessus n'auraient pas été observées.

Les charges seront évaluées, si elles ne l'ont été dans le titre, savoir: les rentes perpétuelles et les prestations en nature, au taux fixé par la loi à la date du titre.

Les rentes viagères et les obligations de faire, au taux indiqué par le tiers détenteur.

S'il y a surenchère, l'évaluation peut être contredite par toute partie intéressée, jusqu'au jugement qui admet la caution. Le tribunal détermine, dans ce cas, le prix que doit payer le tiers détenteur; s'il excède l'offre du surenchérisseur, celui-ci pourra se désister, sauf à tout autre créancier inscrit à requérir une nouvelle surenchère dans les quarante jours du désistement. L'appel du jugement ne sera reçu que dans la forme et les délais prescrits par l'art. 838 du Code de procédure.

S'il n'y a point surenchère, le précédent propriétaire pourra toujours exiger l'exécution de l'acte, en payant au tiers détenteur l'évaluation des charges, avant que celui-ci ait payé ou consigné la somme par lui offerte aux créanciers.

Cette somme est exigible et produit intérêt au taux légal, du jour de la mention qui rend publique la volonté de purger.

2484. Le droit de purger n'appartient qu'au propriétaire actuel en vertu de titres réalisés.

Il ne peut s'exercer pour l'acquisition d'une part indivise qu'après la réalisation du partage.

Il n'existe pas pour les actes portant cession d'usufruit ou d'autres démembrements de la propriété, ni pour ceux qui renferment une réserve d'usufruit ou de jouissance quelconque, pouvant excéder deux années, ni pour ceux qui expriment une condition résolutoire, autre que celle qui résulte du défaut de paiement du prix, ou de l'accomplissement des charges.

Les clauses portant prohibition de purger sont nulles à l'égard des tiers ; leur violation peut donner lieu à des dommages intérêts entre les contractants.

La notification doit être faite à tous les créanciers inscrits ; elle doit être terminée dans les vingt jours de la mention portée sur les registres du conservateur des hypothèques. La purge des hypothèques dispensées d'inscription, doit être commencée et suivie dans le même délai, sous peine de tous dommages et intérêts.

La notification ne peut être opposée au créancier à qui elle n'a pas été signifiée dans les trente jours de la sommation par lui faite ; elle est réputée non avenue quand elle est postérieure à la saisie devenue commune à tous les créanciers.

2185. Du jour où le conservateur a mentionné sur ses registres la déclaration que le nouveau propriétaire entend purger, tout créancier inscrit peut requérir la mise aux enchères et adjudication publique, en se conformant aux dispositions du Code de procédure, et à charge :

1°. Que la réquisition contiendra soumission de porter ou faire porter le prix à un dixième en sus de la somme offerte par la notification;

2°. Qu'il offrira une caution ou un nantissement en argent ou en rentes sur l'état, pour la somme dont le prix dépasse l'évaluation de l'immeuble, d'après les bases posées par l'article 2162;

3°. Que l'original et les copies de l'exploit seront signés par le créancier ou par son fondé de procuration expresse, lequel en ce cas est tenu de donner copie de sa procuration, ou enfin par l'avoué constitué, qui devra faire ratifier l'exploit, dès qu'il en sera requis;

4°. Que la réquisition sera signifiée dans les 40 jours de la otification;

5°. Que dans le cas où la notification contient des évaluations faites par le tiers détenteur, la même signification sera adressée au précédent propriétaire, et en cas de partage, aux copartageants, avec indication des évaluations, et ce trois jours au moins avant le jugement qui doit recevoir la caution, plus un jour par cinq myriamètres de distance, mais sans augmentation pour les parties domiciliées hors de la France continentale.

Le tout à peine de nullité.

Tout créancier sommé de produire à l'état d'ordre avant l'expiration des délais ci-dessus, peut, dans les trente jours, demander un sursis par un dire sur le procès-verbal et porter une surenchère dans les quarante jours, à compter, soit de la notification tardive qui lui a été faite, soit de la demande en sursis, s'il n'a pas reçu antérieurement de notification valable.

Si le sursis est contesté, le délai de la surenchère ne court qu'à dater du jugement définitif. L'appel du jugement ne sera reçu que dans la forme et les délais prescrits par l'article 838 du Code de procédure.

Le tiers détenteur supporte tous les frais résultant du retard, de la nullité ou de l'omission dans les notifications.

2186. Les créanciers inscrits sur une part indivise ne peuvent surenchérir en cas de vente de l'immeuble indivis.

2187. A défaut par les créanciers d'avoir requis la mise aux enchères dans le délai et les formes prescrites, la valeur de l'immeuble demeure définitivement fixée au prix offert par la notification et le tiers détenteur est en conséquence libéré de tout privilége et hypothèque, en payant ledit prix aux créanciers qui seront en ordre de le recevoir, ou en le consignant, sans qu'il soit besoin d'offres préalables.

La consignation ne peut être faite ou ordonnée que trente jours après la sommation de produire prescrite par l'art. 753 du Code de procédure.

Elle libère le tiers détenteur jusqu'à concurrence des sommes consignées. Les intérêts cessent du jour de la consignation inclusivement, si le dépôt est dénoncé par acte d'avoué dans les dix jours suivants aux créanciers qui ont produit, et seulement du jour de la dénonciation lorsqu'elle est faite plus tard.

Après la dénonciation, le tiers détenteur peut, par un dire sur le procès-verbal, demander la radiation de toutes les inscriptions.

S'il n'y a point de contredit dans les vingt jours, le juge-commissaire ordonne qu'elles seront rayées en tant qu'elles frappent sur l'immeuble.

En cas de contredit, les parties sont renvoyées à l'audience et le jugement sera exécuté conformément à l'art. 767 du Code de procédure.

Faute par le tiers détenteur d'effectuer la consignation, quand elle a été ordonnée, ou d'acquitter les bordereaux délivrés contre lui, l'immeuble est revendu à sa folle enchère conformément aux art. 734 et suiv. du Code de procédure, sauf cependant les droits acquis à des sous-acquéreurs et à des créanciers du chef du détenteur, dans le cas où les créanciers des précédents propriétaires auraient négligé de renouveler leurs inscriptions.

2188. En cas de revente par suite de réquisition de mise aux enchères, il est procédé conformément aux dispositions du Code de procédure; l'adjudicataire est tenu au-delà de son prix des intérêts au taux légal depuis la mention de l'intention de notifier sauf à profiter des fruits qui seraient dus par le tiers détenteur. Il doit restituer à celui-ci les frais du titre, de la réalisation, de la notification et des autres poursuites pour parvenir à la vente.

Le tiers détenteur ne peut être dépossédé tant qu'il n'est pas payé desdits frais.

Il ne peut rien réclamer pour impenses et améliorations.

2189. L'adjudication transfère la propriété indépendamment de la réalisation ; mais l'adjudicataire ne peut, avant l'accomplissement de cette formalité, se mettre en possession des biens adjugés, ni exercer aucunes actions soit quant au fond, soit quand aux fruits.

2190. Cette règle est applicable aux adjudications sur expropriation forcée, aux ventes après faillite, et aux actes ou jugements qui opèrent ou prononcent nullité, rescision ou résolution de transmissions immobilières.

2191. Le tiers détenteur qui aura subi une réquisition de mise aux enchères, qu'il se soit rendu ou non adjudicataire, a son recours en garantie tel que de droit contre le précédent propriétaire, ou contre ses co-partageants à raison de l'éviction qu'il a éprouvée, sans préjudice de la subrogation aux droits des créanciers colloqués sur le prix de l'immeuble.

Néanmoins la surenchère ne donne point lieu à garantie quand la vente a été faite en justice, lors même que cette vente serait sujette à notification.

2192. Dans le cas où le titre du nouveau propriétaire comprendrait des immeubles et des meubles, ou plusieurs immeubles, les uns hypothéqués, les autres non hypothéqués, situés dans le même ou dans divers arrondissements de bureaux, aliénés pour un seul et même prix, ou pour des prix distincts et séparés, soumis ou non à la même exploitation, le prix de chaque immeuble frappé d'inscriptions particulières et séparées, sera déclaré dans la notification du nouveau propriétaire, par ventilation, s'il y a lieu, du prix total exprimé dans le titre, à peine de nullité.

Le créancier surenchérisseur ne pourra en aucun cas être contraint d'étendre sa soumission ni sur le mobilier, ni sur d'autres immeubles que ceux qui sont hypothéqués à sa créance et situés dans le même arrondissement ; sauf le recours du nouveau propriétaire contre ses auteurs, pour l'indemnité du dommage qu'il éprouverait, soit de la division des objets de son acquisition, soit de celle des exploitations.

CHAPITRE IX.

DU MODE DE PURGER LES HYPOTHÈQUES QUI EXISTENT INDÉPENDAMMENT DE L'INSCRIPTION.

2193. Le tiers détenteur qui veut, après la réalisation, purger l'immeuble des hypothèques légales dispensées d'inscription et non inscrites, doit remplir les formalités suivantes :

1°. Il fait la notification prescrite par l'art. 2183, au conservateur des hypothèques et au président de la chambre des avoués, qui viseront l'original.

Cette notification ne peut avoir lieu que dans les cas où elle est autorisée à l'égard des créanciers inscrits.

2°. Le tiers détenteur la rend publique par extrait dans le journal désigné pour recevoir les annonces judiciaires. Cet extrait indique la date de la notification, les parcelles et les noms des précédents propriétaires. Il n'y aura point de purge quant aux hypothèques provenant de tout ancien propriétaire non indiqué, ou quant aux parcelles non désignées.

L'extrait sera inséré dans la huitaine de la notification. L'insertion en sera renouvelée deux autres fois de suite dans le premier numéro de la semaine.

S'il n'a pas été requis inscription dans les soixante jours de la première insertion au journal, l'hypothèque sera éteinte, même à l'égard des créanciers. La surenchère ne pourra avoir lieu que pendant le même délai.

2194. Tout créancier inscrit peut s'affranchir du droit de préférence résultant d'hypothèques légales non inscrites ; à cet effet il devra :

1°. Faire au conservateur des hypothèques et au président de la chambre des avoués, qui viseront l'original, notification d'un extrait du titre constitutif de son hypothèque, indiquant les parcelles hypothéquées, le montant de sa créance, les noms du débiteur grevé et des précédents propriétaires. La notification devra contenir en outre un tableau des inscriptions existant sur lesdites parcelles, dans la forme réglée par l'art. 2183.

2°. Rendre public l'extrait du titre par des insertions faites et renouvelées conformément à l'article qui précède, avec mention des notifications adressées aux personnes ci dessus.

A défaut d'inscription dans les soixante jours de la 1re. insertion, il ne pourra être requis, à raison de l'hypothèque légale, aucune collocation sur l'immeuble, au préjudice du créancier qui se sera conformé au présent article.

2195. Après la notification mentionnée aux deux articles précédents, le conservateur est tenu, sur les renseignements qui lui sont fournis par écrit et dont il doit donner récépissé, de prendre d'office inscription sur les parcelles indiquées et qui n'auraient pas été purgées de l'hypothèque légale.

CHAPITRE X.

DE LA PUBLICITÉ DES REGISTRES ET DE LA RESPONSABILITÉ DES
CONSERVATEURS.

2496. Les conservateurs des hypothèques sont tenus d'avoir :

1°. L'atlas des plans parcellaires pour chaque commune de leur arrondissement , tels qu'ils existeront à l'époque où la présente loi deviendra exécutoire , avec addition de numéros pour les parcelles qui n'en auraient point; 2°. des registres indiquant pour lesdites communes les sections et numéros des parcelles , leur contenance et leur nature ; 3°. des registres où seront transcrites les inscriptions pour cause de privilége et d'hypothèque , les oppositions à ra·diation , les radiations totales ou partielles et les dégrèvements des hypothèques dispensées d'inscription ; 4°. des registres où seront portés les bordereaux des réalisations exigées par l'art. 2181 , ainsi que les transcriptions et annotations prescrites en matière de saisie immobilière.

Les conservateurs indiqueront sur les registres des parcelles ou sur des registres supplémentaires , par simples notes portant renvoi , toutes les affectations qui grèveront les parcelles.

2497. Les conservateurs seront tenus d'avoir,en outre,des registres sur lesquels ils inscriront,jour par jour et par ordre numérique, les remises qui leur seront faites; ils donneront au requérant une reconnaissance sur papier timbré , qui rappellera le numéro du registre sur lequel la remise aura été inscrite , et ils ne pourront transcrire les actes remis, qu'à la date et dans l'ordre où ils les au-ront reçus.

2498. Tous les registres des conservateurs, à l'exception de ceux mentionnés aux numéros 1 et 2 ci-dessus , sont en papier timbré, cotés et paraphés à chaque page par première et dernière, par l'un des juges du tribunal dans le ressort duquel le bureau est établi.

Les registres qui doivent être en papier timbré, sont arrêtés jour par jour par le conservateur, aux termes de l'art. 11 de la loi du 18-27 mai 1791

Ils sont écrits de suite, sans aucun blanc ni interligne.

2199. Les conservateurs des hypothèques sont tenus de délivrer à tous ceux qui le requièrent, copie des actes transcrits sur leurs registres et copie des inscriptions, réalisations et annotations subsistantes, ou certificat qu'il n'en existe aucune, sans pouvoir excéder la réquisition écrite qui leur sera adressée à cet effet; cette réquisition sera mentionnée en tête du certificat.

2200. Dans aucun cas, les conservateurs ne peuvent ni refuser ni retarder les inscriptions, transcriptions et mentions, et la délivrance des certificats requis, sous peine des dommages et intérêts des parties, à l'effet de quoi procès-verbaux des refus et retardements seront, à la diligence des requérants, dressés sur-le-champ, soit par un juge de paix assisté de son greffier, soit par un huissier audiencier du tribunal, soit par un autre huissier ou un notaire assistés de deux témoins, et il sera laissé copie, dans tous les cas, du procès-verbal.

2201. Si le tiers détenteur requiert, après réalisation, le certificat de tous les priviléges et hypothèques inscrits sur les parcelles acquises, jusqu'à une époque déterminée; et que mention soit faite de cette réquisition dans ledit certificat, l'immeuble sera affranchi, sauf la responsabilité du conservateur, de toutes les charges privilégiées ou hypothécaires inscrites jusqu'à cette époque, et qui n'auraient pas été portées dans ledit certificat.

Néanmoins, si la transmission avait eu lieu à titre de vente, le créancier obligé pourra demander collocation à son rang sur la portion du prix qui n'aurait pas été payée, tant que l'ordonnance de clôture d'ordre n'aura pas été rendue.

2202. Les conservateurs seront tenus de se conformer, dans l'exercice de leurs fonctions, à toutes les dispositions du présent titre, à peine d'être condamnés, sur la poursuite du ministère public, par le tribunal civil d'arrondissement, à une amende de 200 fr. à 2,000 fr. pour la première contravention et même, selon les circonstances, à la destitution pour la seconde, et en outre aux dommages et intérêts des parties, lesquels seront payés avant l'amende.

Les jugements qui interviendront seront toujours susceptibles d'appel.

2203. Tout dépositaire d'actes mentionnés sur les registres de la conservation des hypothèques est tenu, sous peine de dommages et intérêts, d'en donner connaissance, et même d'en délivrer expédition entière ou par extrait, à quiconque représente copie, certifiée par le conservateur, de l'inscription ou autre annotation contenant mention de l'acte.

ARTICLE II.

Il sera ajouté à l'art. 76 du Code civil, un numéro ainsi conçu, qui sera le dixième :

« 10°. La date des conventions matrimoniales des époux et l'indi-
« cation du notaire qui les aura reçues, faute de quoi les clauses qui
« frapperaient d'indisponibilité les biens de la future, en tout ou
« en partie, ne pourront être opposées aux tiers, lorsqu'ils auront
« contracté dans l'ignorance des conventions matrimoniales. »

ARTICLE III.

Il sera ajouté à l'art. 502 du Code civil un paragraphe ainsi conçu :
« A compter de son entrée en gestion, le tuteur à l'interdiction,
« quelle que soit la cause de cette interdiction, sera tenu de requé-

« rir inscription sur les immeubles de l'interdit qui lui seraient
« connus, à peine d'être passible de dommages et intérêts envers
« les tiers qui auraient acquis des droits réels immobiliers dans
« l'ignorance de l'interdiction.

« Le conseil judiciaire est autorisé à requérir inscription sur les
« biens de la personne dont il est le conseil; mais en aucun cas il
« ne pourra être passible de dommages et intérêts.

« L'inscription sera faite sur la représentation de deux borde-
« reaux énonçant la date du jugement et indiquant les parcelles;
« elle sera portée sur le registre des réalisations et mentionnée sur
« le registre des parcelles. »

ARTICLE IV.

Les art. 878, 879, 880 et le 2ᵉ. alinéa de l'art. 1017 du Code
civil sont abrogés.

L'art. 881 du même Code est modifié ainsi qu'il suit :

« Les créanciers du défunt jouissent du privilége de la séparation
« des patrimoines, comme il est expliqué au titre des priviléges et
« hypothèques; les créanciers de l'héritier ne sont point admis à
« demander la séparation des patrimoines contre les créanciers de
« la succession. »

ARTICLE V.

Il n'est point dérogé quant actuellement aux dispositions du Code
civil et de la loi du 17 mai 1826 sur la transcription des donations
et des substitutions. Néanmoins elles sont assujetties, comme toutes
autres transmissions, à la formalité de la réalisation.

ARTICLE VI.

Il sera ajouté à l'art. 1266 du Code civil le paragraphe suivant :

« La cession volontaire ne produira effet à l'égard des tiers, par
« rapport aux immeubles, que dans le cas où elle serait rendue
« publique par une inscription requise sur les immeubles, au nom
« de la masse, par l'un des créanciers de l'union, ou l'un de ses
« directeurs.

« Dans le cas de la cession judiciaire, pareille inscription sera
« requise en vertu du jugement qui admettra la cession, et le cura-
« teur à la cession, qui aurait négligé de la prendre, pourra être
« passible de dommages et intérêts envers les tiers, qui auraient
« acquis des droits réels sur les immeubles, dans l'ignorance de
« la cession.

« L'inscription sera faite sur la représentation de deux bordereaux
« énonçant la date de l'acte ou du jugement de cession et indiquant
« les parcelles ; elle sera portée sur le registre des réalisations et
« mentionnée sur le registre des parcelles.

ARTICLE VII.

Les dispositions suivantes seront ajoutées à l'art. 1449 du Code
civil :

« A compter de la demande en séparation de corps ou de biens, il
« pourra être pris inscription au profit de la femme sur les parcelles
« indiquées comme faisant partie de la communauté ou de la société
« d'acquêts.

« L'inscription sera faite sur la représentation de deux bordereaux
« énonçant l'ordonnance qui autorise la femme à citer le mari, et
« indiquant les parcelles. Elle sera portée sur le registre des réali-
« sations et mentionnée sur celui des parcelles.

« Après cette inscription, le mari ne pourra ni aliéner, ni hypo·
« théquer les immeubles au préjudice des droits de la femme. Néan·
« moins selon les circonstances le tribunal saisi de l'instance pourra
« donner main-levée, en tout ou en partie, de ladite inscription, par
« jugement exécutoire nonobstant opposition ou appel. »

ARTICLE VIII.

Il sera ajouté à l'art. 1833 du Code civil :

« Dans le cas où la mise d'un associé consisterait en immeubles,
« il sera requis inscription au nom de la société, sur la représentation
« de deux bordereaux énonçant l'acte de société et indiquant les
« parcelles. L'inscription sera faite sur le registre des réalisations et
« mentionnée sur le registre des parcelles. »

ARTICLE IX.

Il sera ajouté à l'article 2218 du Code civil :

« En cas de concours de plusieurs créanciers dans un même
« ordre, la subrogation aura lieu de plein droit en faveur des
« créanciers non payés, aux priviléges et hypothèques des créanciers
« utilement colloqués.

« Cette subrogation n'aura lieu pour chaque créancier qu'à
« concurrence du préjudice par lui éprouvé à raison de la pré·
« sence du créancier par lequel il aura été primé.

« Elle s'effectuera d'après les droits de priorité appartenant à
« chaque partie.

« Ainsi le créancier dont l'hypothèque spéciale aura été inscrite
« la première, sera subrogé à l'hypothèque générale antérieure,
« par préférence aux créanciers inscrits depuis lui, même sur des
« immeubles différents.

« Jusqu'à l'ordonnance de clôture d'ordre et lors même que

« le tiers détenteur aura consigné son prix, il y aura lieu à ré-
« duction dudit prix, en cas d'éviction ; mais après l'ordonnance de
« clôture d'ordre, sans opposition du tiers détenteur, l'éviction ne
« donnera lieu à aucun recours contre les créanciers utilement
« colloqués ; seulement l'acquéreur ou adjudicataire évincé sera
« subrogé aux droits desdits créanciers, à concurrence de l'indem-
« nité due pour cause d'éviction, par préférence à toute autre partie. »

ARTICLE X.

A la fin du n°. 3 de l'art. 675 du Code de procédure, il sera
ajouté :

« Dans tous les cas, l'énonciation des parcelles, d'après le re-
« gistre déposé à la conservation des hypothèques. »

ARTICLE XI.

Il sera ajouté à l'art. 679 du Code de procédure :

« A dater de la transcription, le conservateur est tenu de se
« conformer à l'art. 2195 Code civil, pour l'inscription des hypo-
« thèques légales des femmes, des mineurs et des interdits. Si elles
« ne sont pas incrites dans les vingt jours de la transcription, le
« poursuivant est dispensé d'adresser au créancier la sommation
« mentionnée en l'art. 692 du présent titre. Elles sont éteintes,
« même à l'égard des créanciers, s'il n'y a pas eu inscription avant
« l'adjudication. »

ARTICLE XII.

L'art. 716 du Code de procédure sera remplacé par les dispositions suivantes :

« Le jugement d'adjudication ne sera signifié qu'à la personne

(48)

« ou au domicile du saisi. Il sera mentionné en marge de la trans-
« cription de la saisie et réalisé conformément à l'art. 2182 du Code
« civil.

« A dater du jugement, la propriété est transmise à l'adjudi-
« cataire et le prix est fixé à l'égard de tous les créanciers inscrits
« ou dispensés d'inscription, sauf la surenchère admise par les
« articles 708 et suivants du présent titre.

« Néanmoins les créanciers qui n'auraient pas reçu la sommation
« exigée par l'art. 692 du présent Code pourront surenchérir du
« dixième, dans les délais et de la manière prescrits par l'art. 2185
« du Code civil. »

ARTICLE XIII.

Les art. 773, 774 et 775 du Code de procédure seront remplacés
par les dispositions suivantes :

« 773. Le juge commissaire à l'ordre, sur le vu de la représenta-
« tion des bordereaux et des quittances, ordonnera la radiation de
« l'inscription requise par l'ancien propriétaire pour la conserva-
« tion de son privilége, à concurrence des bordereaux acquittés. »

« 774. En cas d'aliénation, autre que celle par expropriation
« forcée, le droit d'ouvrir l'ordre appartiendra à tout créancier,
« trente jours après l'expiration du délai de la surenchère à son
« égard, quel que soit le nombre des créanciers inscrits.

« Il en sera de même pour toutes les ventes en justice, sauf les
« ventes après faillite et les reventes par suite de surenchère,
« qui sont assimilées aux adjudications sur saisie immobilière. »

« 775. Faute par les créanciers de faire ouvrir l'ordre, l'acqué-
« reur et l'ancien propriétaire, même en cas d'expropriation forcée,
« peuvent le faire ouvrir de leur chef. »

(49)

ARTICLE XIV.

L'art. 837 du Code de procédure sera remplacé par les dispositions suivantes :

« dans la huitaine de la signification du jugement qui reçoit la
« caution, le tiers détenteur remettra à l'avoué du poursuivant,
« sur son récépissé, l'acte d'aliénation et l'original de la notification.

« Quarante jours au moins avant l'adjudication, les créanciers
« inscrits sur les précédents propriétaires, auxquels il n'aurait pas
« été fait de notification, et les créanciers inscrits sur le tiers dé-
« tenteur avant l'inscription de son intention de notifier, seront
« sommés, aux domiciles élus dans leurs inscriptions, d'assister à
« à cette adjudication, aux lieu, jour et heure indiqués.

« Le tiers détenteur supportera les frais des sommations adressées
« aux créanciers inscrits sur lui et aux autres créanciers auxquels
« il n'aurait point fait de notification dans les délais prescrits
« par l'art. 2184 Code civil.

« Trente jours au plus et quinze jours au moins avant l'adjudi-
« cation, pareille sommation sera faite à l'ancien et au nouveau
« propriétaire et au créancier surenchérisseur, si c'est le nouveau
« propriétaire ou un créancier subrogé qui poursuit.

« Avant l'expiration de ce dernier délai, l'acte d'aliénation sera
« déposé au greffe et tiendra lieu de minute d'enchère. Le prix porté
« dans la notification et le montant de la surenchère tiendront lieu
« d'enchère. »

ARTICLE XV.

Il n'est rien innové, quant à présent, au décret du 16 janvier
1808 et aux autres lois qui ont donné à certains immeubles incorporels le caractère d'immeubles fictifs, susceptibles d'être hypothéqués, ni à la loi du 21 avril 1810 et autres concernant les mines.

Les hypothèques et priviléges régis par ces lois sont établis et conservés conformément à la législation actuellement existante.

ARTICLE XVI.

Les articles 834 et 835 du Code de procédure sont abrogés.

ARTICLE XVII.

Les registres de l'administration des contributions directes seront tenus de manière à ce qu'on puisse toujours reconnaître sous quel nom sont imposées les parcelles portées sur l'atlas cadastral déposé à la conservation des hypothèques.

Fait et arrêté en Faculté, ce 27 août 1841.

G. DELISLE.

LE CERF.	TROLLEY.
DEMOLOMBE.	BAYEUX.
DEBOISLAMBERT.	DEVALROGER.
FEUGUEROLLES.	MACHELARD.

Pour copie conforme :

Le Doyen de la Faculté,

G. DELISLE.

Caen, Imp. de A. HARDEL.